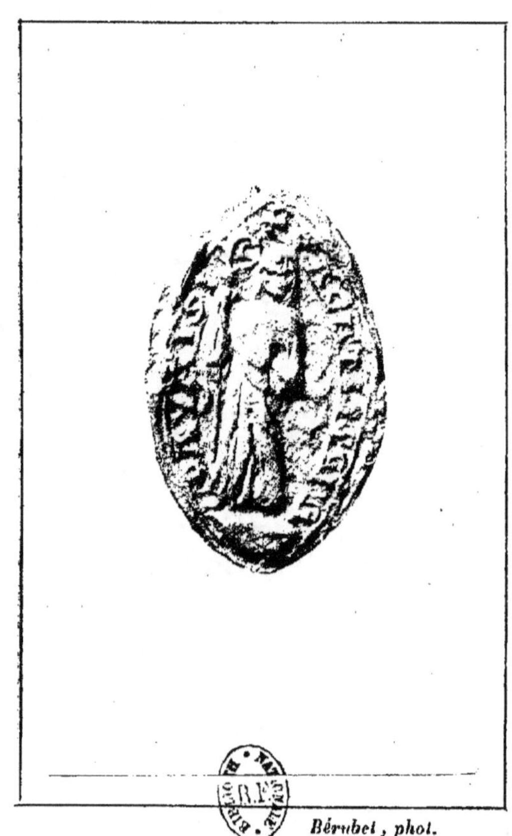

Bérubet, phot.

SCEAU

De l'Abbesse de La Vassin,

(1302)

Archives nationales, nᵒ 9,265.

Extrait des Mémoires de l'Académie de Clermont.

ÉTUDE HISTORIQUE

SUR

L'ABBAYE ROYALE DE LA VASSIN

PRÈS LA TOUR D'AUVERGNE,

PAR

ÉLIE JALOUSTRE,

Membre titulaire de l'Académie des Sciences, Belles-Lettres et Arts
de Clermont-Ferrand.

CLERMONT-FERRAND

TYPOGRAPHIE FERDINAND THIBAUD, LIBRAIRE

Rue Saint-Genès, 8-10.

1878.

ÉTUDE HISTORIQUE

SUR

L'ABBAYE ROYALE DE LA VASSIN

PRES LA TOUR D'AUVERGNE.

I

Au fond des montagnes de l'Auvergne, non loin du massif des Monts-Dore, à l'extrémité sud-ouest de la commune de Saint-Donat et sur les confins des départements du Puy-de-Dôme et du Cantal, il est un petit vallon solitaire auquel on arrive après avoir traversé les bois et suivi un ravin resserré où mugissent les eaux claires d'un torrent : c'est le vallon de La Vassin où s'élevait avant la Révolution une abbaye de femmes de l'ordre de Cîteaux, sous le vocable de Saint-Jean.

« Si vous voulez connaître, a dit Herder, le genre de vie
» des habitants d'une contrée, vous retrouverez dans la nature
» externe et dans les circonstances du voisinage la solution du
» problème que vous cherchez à résoudre. »

En voyant cette clairière si tranquille, si étroitement confinée dans sa retraite, si fermée à tous les bruits terrestres, on pressent tout de suite qu'elle a dû être une cellule : cellule bien calme et vraiment selon le vœu de saint Bernard qui, pour ses abbayes, ne voulait que les lieux profonds dérobant la vue du monde et ne laissant que celle du ciel.

Au nord et à l'ouest les bois de Montaveix, au midi ceux de la Pruneyre, à l'est la forêt de Chaperouge enserrent le vallon et l'étreignent de toutes parts. Au pied de la Pruneyre, la rivière de la Trentaine (1), sur la rive droite de laquelle se trouvent les ruines de l'abbaye, sépare le Puy-de-Dôme et le Cantal et contournant la vallée presqu'entièrement circulaire, elle lui forme, avec le petit ruisseau qui descend de Chaperouge, comme une ceinture mobile qui autrefois fit donner à ce lieu le nom d'*Entraigues*, *Inter amnes*, *Inter aquas*, qu'on retrouve dans quelques anciens titres (2). Ce nom fut changé plus tard en celui de La Veissy, La Vissy (1199 à 1660), La Vassin, *Vallis sana*, *Vallis sancta*, la bonne, la sainte vallée (1666-1790).

Elle était sainte et bonne, en effet, cette petite vallée pour les âmes élues qui venaient s'y réfugier, unies dans une même intention de renoncement, d'immolation et d'adoration.

La monotonie même de son paisible paysage s'allie bien avec l'idée fixe, l'idée d'éternité, dont furent tourmentées les nobles femmes qui vinrent y vivre et y mourir, et c'est avec un charme véritable qu'on écoute la mystérieuse mélopée que cette nature uniforme ne se lasse pas de redire et que les cénobites d'autrefois ne se lassaient point d'écouter.

C'est un beau soir d'été, au déclin du jour, qu'il faut voir La Vassin, pour comprendre le doux et puissant attrait que devaient trouver là des cœurs pleins d'une ardente foi.

Quand les rayons du couchant passent à travers les bois

____

(1) Cette rivière est ainsi nommée, disent les auteurs du *Gallia Christiana*, parce qu'elle est formée par trente sources qui jaillissent des Monts-Dore. Elle se jette plus loin dans la Dordogne. (*Gallia Christ.*, t. 2, col. 408).

(2) *Archives départementales*. Serment des abbesses d'*Entraigues* (1195). — *Gallia Christ.*, t. 2, col. 408.

d'alentour, une lumière tamisée et harmonieuse se répand dans le vallon et le baigne d'une ravissante clarté, à peine atténuée dans les fonds par les dégradations de la pénombre. On dirait qu'un jour fluide et doré s'épanche du faîte des grands arbres qui s'étagent sur les versants ; une vapeur transparente enveloppe l'étroite enceinte, une sorte de lueur mystique l'emplit et l'éclaire jusque dans ses profondeurs.

L'impression produite par un tel spectacle est vraiment étrange, incomparable. On est comme fasciné par l'ineffable grâce de cette sérénité lumineuse ; on se sent pénétré dans le plus intime de son être et le sentiment des placides visions vient tout à coup effleurer votre âme.

II.

On ne connaît point la date précise de la fondation du monastère de La Vassin, qui semble avoir été édifié dans la seconde moitié du XIIᵉ siècle.

Ce furent les sires de La Tour qui appelèrent dans cette solitude, non loin du chef-lieu de leur baronnie, dans les dépendances de l'église de Saint-Donat, des filles de Saint-Bernard qui les reconnurent pour suzerains.

L'abbaye existait déjà en 1166, car Bernard Atton, vicomte de Nîmes, qui mourut le 24 septembre de cette année, avait précédemment légué à La Vassin deux cents sols pour célébrer son anniversaire (1).

L'ancien obituaire du couvent portait, en effet, cette mention : *VIII Kalend. septembris, commemoratio bonæ memoriæ Bernardi Atonis vicecomitis Nemausensis fratris dominæ de Turre qui legavit pro anniversario suo faciendo singulis annis C. C. solidos melgarienses* (2).

Les religieuses furent appelées par Bertrand Iᵉʳ, fils de Bernard IV de La Tour, qui les établit dans une pensée pure-

<hr>

(1) Baluze, *Hist. généalogique de la Maison d'Auvergne*, t. Iᵉʳ, p. 268, t. 2, p. 487.

(2) Baluze, t. 2, p. 487.

ment personnelle : pour qu'elles fussent les gardiennes de son tombeau, tout ainsi que les Dauphins fondèrent en 1149 l'abbaye de Saint-André-lès-Clermont, et les comtes d'Auvergne le monastère de Val-Luisant ou du Bouschet, en 1182, pour que les moines par eux dotés veillassent sur leur poussière.

Le fondateur de La Vassin était le descendant de ces pieux barons dont l'un, Géraud Ier, qui avait épousé Gausberge, fille de Bérilon, vicomte de Vienne, s'était fait moine à Sauxillanges, en 994, après avoir comblé de biens ce monastère, pour le repos de son âme (1).

Il était le petit-fils de ce Géraud II qui donna au même monastère de Sauxillanges les églises de Singles et de Saint-Pardoux, de Sainte-Marie de Chastreix, de Saint-Donat, de Saint-Pierre de Messeix, et la chapelle de La Tour, donations qui, faites vers l'année 1075, furent confirmées le 7 décembre 1095 par une bulle du pape Urbain II revenant du concile de Clermont et se trouvant alors à Aurillac.

De même Géraud donna en même temps à Cluny la moitié de l'église de Besse : *medietatem in ecclesiâ de Bessiâ* (2), c'est-à-dire la moitié des revenus appartenant à cette église.

Non content d'avoir construit un couvent sur ses terres, Bertrand Ier fit encore hommage de sa baronnie de La Tour à l'abbé de Cluny qui, dit-on, était pour lors Pierre-le-Vénérable (1156).

Il constitua ainsi ce qu'on appelait un *fief de dévotion et de reprise*, c'est-à-dire qu'après avoir reconnu tenir ses biens d'une abbaye ou encore de la Vierge et des Saints, du Pape et des Evêques, le possesseur, mû par sa piété, reprenait immédiatement, à titre de fiefs, les domaines qu'il venait de céder, en reconnaissant pour suzerain le personnage ou le monastère qu'il voulait honorer.

Guy II, comte d'Auvergne, donna de cette manière sa terre de Châtelguyon au Pape, en 1198, pour la reprendre de

---

(1) Baluze, *Hist. de la Maison d'Auvergne*, t. Ier, p. 250.
(2) Baluze, t. Ier, p. 263, t. 2, p. 483.

suite en fief, moyennant une once d'or pour droit de mutation.

De même, Héracle de Polignac offrit tous ses biens, en 1181, au chapitre de Brioude (1).

Bertrand avait épousé, vers 1129, Matheline de Béziers, fille de Bernard Atton, vicomte de Nîmes.

Matheline, suivant l'ancien obituaire de La Vassin, fut enterrée dans cette abbaye : *Pridiè Kalendas Augusti obiit domina Mathelina, uxor Bertrandi Domini de Turre, fundatoris ejusdem ecclesiæ* (2).

Bertrand de La Tour ne tarda pas à venir lui-même, à côté de sa femme, dormir à La Vassin son éternel sommeil, et pendant plus d'un siècle ses descendants trouveront également leur couche funèbre dans le même cimetière, à l'ombre du monastère, pieux gardien des dépouilles mortelles des seigneurs de La Tour.

Cette touchante coutume de se retrouver, après la mort, au même rendez-vous, dans la même demeure, est un des signes caractéristiques du moyen-âge, un de ses traits les plus saillants.

S'il est une douceur à mêler ses cendres, nulle époque ne l'aura mieux connue que ce temps que nous appelons barbare et qui, cependant, dans ses aspirations et dans ses actes, nous apparaît souvent plein d'une véritable poésie.

Quel lieu, en effet, pouvait être mieux choisi pour le repos qui ne finit point, que cette clairière silencieuse avec ses horizons bornés, derrière lesquels se devinent d'autres espaces, comme derrière les froides parois du sépulcre se pressentent d'autres mondes?

Après avoir guerroyé toute leur vie, les rudes barons voulaient pour les rêves de leur âme la paix des Thébaïdes, et pour s'endormir sur leur dur oreiller de pierre, il leur fallait les douces voix des vierges et les psalmodies du cloître.

---

(1) Baluze, t. 2, p. 77, 63 et 64. — Chabrol, *Cout. d'Auv.*, t. 4, p. 301. — Rivière, *Instit. de l'Auv.*, t. 1er, p. 378 et 437.

(2) Baluze, t. 2, p. 487. — Audigier, *Hist. mss. d'Auv.*, art. *La Vassin*.

III

Ce n'est qu'à la fin du XIIe siècle que l'on commence à
trouver trace des abbesses de La Vassin. Le plus ancien document qui fasse mention de ce monastère est une charte en
latin, conservée aux archives du département du Puy-de-Dôme
et qui relate un serment d'obéissance prêté à Dieu, au seigneur
évêque Gilbert (*Gislaberto*) et à ses successeurs, ainsi qu'à l'autel de la Bienheureuse Marie, par *Fines*, abbesse d'Entraigues
(*Inter Amnes*), premier nom de La Vassin.

Ce serment est écrit sur un petit carré de parchemin de
0^m,10^c de longueur sur 0^m,06^c de hauteur ; il n'est ni daté,
ni signé, mais la chronologie des évêques de Clermont qui in-
dique Gilbert comme ayant occupé le siége épiscopal après
Ponce ou Pontius, de 1190 à 1195, permet de donner cette
date approximative au document en question (1).

Nous ne savons si *Fines* a été en réalité la première abbesse
de La Vassin ; mais ce qu'il y a de certain, c'est que l'abbaye

(1) *Archives du Puy-de-Dôme*, Cathéd., arm. 2, sac A, côte 5. — Cohendy,
*Invent. des chartes antérieures au XIIIe siècle qui se trouvent aux Archives
du Puy-de-Dôme.*

était à peine fondée que déjà elle recevait des donations et des legs.

Ce furent d'abord les sires de La Tour, ses seigneurs suzerains, qui lui concédèrent de nombreuses et importantes possessions, tant dans l'étendue de leur baronnie que dans les autres parties de la province d'Auvergne où ils étaient propriétaires de grands et beaux domaines.

Ils donnèrent ainsi au monastère les mas de la Grangette, de Pallut, de Freydefont, de la Nugeyrolle, de Crouzat, de Pauneix, les domaines ou *tenures* de Brimassanges, de la Pruneyre et de Chaperouge, dans les dépendances de Saint-Donat; le mas de Labro, dans la paroisse de Chastreix, les domaines du Lac et de Broussoux près Saint-Genès, le mas de Longe-Chaux près La Tour, des droits sur la montagne du lac Chauvet et des dîmes dans les hameaux de Montbaillard, près La Tour, ainsi que dans le bourg de Plauzat, au territoire de *Palloche* (1).

Le frère de Matheline de La Tour, Bernard Atton, vicomte de Nîmes, mort en 1166, fit, comme nous l'avons vu plus haut, un legs de deux cents sous à La Vassin, pour qu'on y célébrât chaque année son anniversaire, et, de son côté, G., comtesse de Montferrand, femme du Dauphin, comte de Clermont, légua à la même abbaye, par son testament de l'année 1199, cinquante sous et une nappe d'autel (2).

L'abbesse était alors, selon toute probabilité, *Pétronille* que les auteurs du *Gallia Christiana* placent en tête de leur chronologie et qu'ils mentionnent comme ayant promis respect et obéissance à Dieu, à l'église de Clermont et à l'évêque Robert, à la fin du XIIe siècle, d'après un serment conservé aux Archives de la Cathédrale (3).

Agnès, qui succéda sans doute à *Pétronille* dans le gouver-

---

(1) Baluze, t. 2, p. 266. — *Papiers de Mme Fonteille, de Riom-ès-Montagnes, religieuse de La Vassin.*

(2) Baluze, t 2, p. 256.

(3) *Gallia Christ.*, t. 2, col. 409. — Archiv. dép., F^{ds} de la Cathédrale.

nement de l'abbaye, fit pareil serment d'obéissance au même évêque Robert qui occupa le siége épiscopal de Clermont de 1195 à 1227 (1).

Bernard V et Bertrand II, fils de Bertrand Ier, furent, selon toute apparence, inhumés à La Vassin, car Baluze émet l'opinion que les seigneurs et dames de La Tour eurent leur sépulture dans cette abbaye jusqu'à Bernard VII qui voulut être enterré dans l'église des Dominicains de Clermont (1270) (2).

Bernard VI suivit saint Louis à la croisade de 1228. En 1233 il fit un échange avec Bertrand Comptour, qui se dessaisit des châteaux de Chalus et de Ravel (près Picherande), pour recevoir en compensation le marché et les foires de la ville de Besse avec les domaines de la Volpilière et de Fontanet. Le sire de La Tour resta suzerain du lot par lui concédé, et pour plus value des châteaux de Chalus et de Ravel, il versa à Comptour la somme de 10,000 sols tournois, monnaie de Clermont (3).

Bernard, d'après un ancien obituaire de la cathédrale de Clermont, mourut *ultrà mare* le 29 décembre de l'année 1253. Il avait épousé Alazie, sœur de Raymond VII, comte de Toulouse, et fille de Raymond VI. Alazie ou Adelazie changea son nom qu'elle tenait de sa tante, vicomtesse de Béziers, contre celui de Jeanne, porté par sa mère qui était fille d'Henri II, roi d'Angleterre. Elle mourut le 28 mai 1255 et fut enterrée dans le cimetière de La Vassin, à côté de Matheline de Béziers et de Bertrand, son mari : *V. Kal. Junii*, disait l'obituaire du couvent, *anno MCCLV obiit illustrissima Johanna filia Raymundi comitis et reginæ Johannæ uxor quondam domini Bernardi de Turre* (4).

Bernard VII, qui en 1256 donna avec son frère Bertrand,

<hr>

(1) *Gallia Christ.*, t. 2, col. 409. — Gonod, *Chronol. des Evéques de Clermont.*
(2) Baluze, t. 1er, p. 268, t. 2, p. 515.
(3) Baluze, t. 1er, p. 281, t. 2, p. 497.
(4) Baluze, t. 2, p. 499.

chanoine de Clermont, des coutumes aux deux villes de Saint-Amant et de Saint-Saturnin et, en 1270, une charte communale à Besse, avait épousé Yolande qui mourut avant 1270 et fut enterrée à La Vassin (1).

Dans son testament de 1262, Robert Ier, comte de Clermont, fit un legs de dix livres à ce monastère et un autre de cent sous au couvent d'Esteil (2).

Comme son père, Bernard voulut faire le voyage d'outre-mer, et il prit en conséquence ses dispositions pour suivre saint Louis à la huitième croisade.

Il fit son testament à Clermont en 1270, « *ad diem Jovis post festum Epiphaniæ Domini* », en présence de *Durand Girard*, chapelain de Saint-Saturnin, *Guillaume Blancheyr*, chapelain de Besse, « *frère Armand de las Vayssas* », et *frère Etienne de Luguet*, de l'ordre des Frères Prêcheurs de Clermont.

En premier lieu, le testateur déclara qu'il voulait avoir sa sépulture dans la maison des Dominicains de Clermont, dans la chapelle de Sainte-Madelaine, et, pour que les religieux célébrassent chaque jour l'office pour lui pendant la quarantaine qui suivrait sa mort, et pour qu'ils vinssent en procession prier sur son tombeau, il leur légua, durant le temps indiqué, dix sous par jour, pour leur pitance.

Ensuite, Bernard prescrivit de payer au couvent de La Vassin la somme de cinquante sous « pour le repos de son âme et » à la mémoire de ses parents », avec explication que la somme léguée serait par les religieuses employée à « une pitance », *ad faciendam pitanciam*, pendant le temps de carème.

Par ce même testament, Bernard VII fit remise de la taille à tous ses vassaux, pour l'année de sa mort, et il légua douze deniers à chacune des églises de Besse, de La Rodde, de Saint-Pardoux, de Chastreix, de Bagnols, de Saint-Donat, de Picherande, de Saint-Genès, de Saint Sandoux, de Saint-Sa-

<hr>

(1) Baluze, t. 2, p. 510.
(2) Baluze, t. 1er, p. 291 et t. 2, p. 515.

turnin et de Saint-Amant, aux chapelles de La Tour et de Ravel.

De plus, Bertrand, fils et héritier du seigneur de La Tour, fut chargé de payer chaque année, tant qu'il vivrait, une réfection aux Dominicains de Clermont pour que ceux-ci célébrassent un office solennel. Enfin, le repas que Bertrand de La Tour, oncle, avait ordonné de servir aux prêtres et clercs de Savenne et de Messeix, dut leur être octroyé en échange d'un office pour le repos de l'âme du testateur (1).

Après avoir ainsi dicté ses dernières volontés, Bernard VII partit pour la Terre-Sainte où il mourut devant Tunis, le 14 août 1270.

Bertrand III, fils de Bernard VII et son successeur, épousa Béatrix d'Olliergues en 1276, et lui constitua deux cents livres de rente de douaire à prendre sur la ville de Besse. La même année eut lieu entre ce Bertrand et Bertrand de La Tour, son oncle, chanoine de Clermont, le partage des biens de Bernard VI.

Par ce partage, les châteaux et les terres de Saint-Saturnin, Saint-Amant, Saint-Sandoux, Randal, Montpeyroux, La Rodde, Bagnols, Chastreix, Saint-Donat et Tauves furent attribués au chanoine avec d'autres fiefs et appartenances : « *Prout durant et se extendunt a domo de la Vedrina versùs* » *Chambo et usque ad fines de Bessia et exindè prout aqua de* » *Bessia cadit in Aligerim subtùs Issiodorum et exindè usque* » *ad pontem de Cornanio et usque ad villam Riomi, sub Tor-* » *nolium.* » C'est-à-dire : tout le pays qui s'étend depuis la » maison de la Védrine, vers le Chambon, jusqu'aux confins » de Besse et de là jusqu'à l'endroit où la rivière de Besse se » jette dans l'Allier (à Coudes), puis jusqu'au pont de Cour- » non et à Riom, au-dessous de Tournoël. »

Tout cela était pour la partie basse de l'Auvergne ; de l'autre côté, les possessions du chanoine s'étendaient depuis le Port-

(1) Baluze, t. 2, p. 530.

Dieu jusqu'à Ussel et de là jusqu'à la Dordogne, vers Bort. Grand partage, dit Baluze, pour un cadet qui était d'Eglise (1)!

Cependant, cet immense héritage ne tarda pas à revenir à Bertrand III qui avait été co-partageant. Par son testament du mois d'octobre 1280, Bertrand de La Tour, chanoine, donna à son neveu tout ce qu'il possédait.

Il légua, en outre, au couvent de La Vassin soixante sous tournois assis sur la terre de Saint-Donat, afin que les religieuses célébrassent chaque année son anniversaire (2).

En 1284, Bertrand III confirma aux habitants de La Tour les priviléges que leur avait octroyés Bernard VII, son père, et Bernard VI, son grand-père. Il eut plusieurs enfants et son second fils, Bertrand de La Tour, commença la branche des seigneurs d'Olliergues.

Bertrand ne fournit pas une longue carrière ; il mourut au mois de novembre 1286. Un premier testament qu'il avait fait à Toulouse, en 1285, fut révoqué par un second dicté en Auvergne, le vendredi 22 novembre 1286.

Des donations sont faites à La Vassin dans ces deux actes. C'est d'abord une *réfection*, une fois payée, qui est léguée à ce monastère ainsi qu'aux abbayes de Beaumont, de Mégemont et de Lesclache. Ensuite, le testateur donne à La Vassin (*La Vayssi*) vingt-cinq livres tournois ; il veut que chaque lundi les religieuses fassent un service pour les morts de sa famille et viennent en procession sur la tombe de sa mère, de son aïeule et de tous ses parents qui reposent dans le cimetière du couvent. Il entend que ce jour-là, c'est-à-dire chaque lundi, l'abbesse prenne la somme de huit sous sur les vingt-cinq livres légués, pour donner à sa communauté un repas dont celle-ci aura le choix. L'abbesse ne pourra employer à autre chose les vingt-cinq livres en question, et dans le cas où elle ne se conformerait pas à la volonté du testateur, l'héritier institué

<hr>

(1) Baluze, t. 1er, p. 296, t. 2, p. 528.
(2) Baluze, t. 2, p. 505.

pourra appeler l'abbesse à l'exécution de son obligation (1).

Ces réfections que nous voyons si souvent octroyées aux monastères par les seigneurs suzerains, dans leurs actes de dernières volontés, étaient comme un suprême souvenir qu'au seuil de la tombe ils donnaient aux serviteurs et aux servantes de Dieu, implorant pour leur âme les prières qui délivrent.

Aux jours marqués par le donateur, les recluses, qui d'ordinaire ne buvaient que de l'eau pure (2), mélangeaient cette eau avec du lait ou du vin, et les poissons ou les légumes cuits sans condiments qui formaient leur nourriture quotidienne étaient alors exceptionnellement remplacés par de la viande ou par tout autre mets.

D'ailleurs, ce n'était pas seulement les hôtes des cloîtres qui dans ces temps avaient le bénéfice de semblables agapes ; souvent aussi ces libéralités étaient faites aux hommes de la seigneurie, aux vassaux du défunt, et le même Bertrand de La Tour qui voulait que les nonnes de La Vassin dépensassent chaque lundi huit sous pour leur pitance, le même Bertrand ordonnait dans son testament de 1286 que le repas général qui avait ordinairement lieu à Besse du temps de son père et de son grand-père, fût donné de nouveau comme jadis (3).

Ces repas funèbres dont l'usage ne s'est pas perdu dans nos campagnes étaient dans les mœurs romaines. Comme toutes les fêtes accompagnées de sacrifices, les funérailles des grands étaient suivies à Rome d'un festin où l'on servait ce qui restait des victimes.

Quelquefois on invitait à ces repas tout le peuple comme ami du mort. C'est ainsi que Jules César fit dresser 22,000 tables, lors des jeux funèbres qu'il donna en l'honneur de sa fille (4). On appelait ces repas *parentalia*, parce qu'ils étaient

---

(1) Baluze, t. 2, p. 550 et 555.

(2) *Aquam etiam puram frequentius bibebant.* (*Vincentius Belvac.* lib. 32, cap. 49).

(3) Baluze, t. 2, p. 555.

(4) Plutarch. *Cæs., cap.* 55.

donnés par les parents (1). On célébrait l'anniversaire de la mort par un autre repas (*cœna feralis*) (2).

Ces festins anniversaires avaient quelque chose de tout à fait dramatique. On se rendait aux tombeaux ; on dressait des lits et des tables et on laissait vide la place du mort. On faisait des libations de vin et de lait et enfin on déposait sur la tombe des fèves, de l'ache, des laitues, du pain, du sel, des œufs et d'autres mets dont on supposait que les mânes venaient la nuit se repaître, mais les pauvres gens jouaient ordinairement le rôle des mânes (3).

L'architecture romaine dut conformer ses conceptions à l'usage de ces agapes funèbres et ménager aux parents les moyens de pratiquer commodément sur les tombeaux les festins annuels. C'est pourquoi on réservait dans les mausolées une salle destinée à servir de *triclinium* ou salle à manger. Quelquefois, un édifice particulier élevé dans le voisinage des hypogées ou caveaux funéraires, servait à plusieurs familles. A Pompéï, dans la rue des Tombeaux, on a cru reconnaître un édifice ayant cette destination.

A Clermont, l'emplacement du cimetière gallo-romain, au sud de la ville, près le chemin de Beaumont, au bas de Vallière, s'appelle encore *Las Culinas, les cuisines* (4), à cause, sans doute, des établissements installés près du champ des morts, pour les repas d'anniversaires.

Souvent, les invités mangeaient et buvaient sur la tombe même du défunt. Cette coutume s'était conservée jusque sous Charlemagne, car nous lisons dans les Capitulaires une défense expresse à ce sujet : *Admoneantur fideles ut ad suos mortuos non agant ea quæ de paganorum ritu remanserunt..... et super eorum tumulos nec manducare, nec bibere præsumant* (5):

(1) Cicér. *Philipp. I, cap.* 6. — Ducange, V° *Parentalia.*
(2) Juven., Sat. V, v. 85.
(3) Ch. Magnin. *Les Origines du Théâtre antique et du Théâtre moderne.*
(4) A. Tardieu, *Hist. de Clermont*, t. 1ᵉʳ, p. 535.
(5) *Cap.*, lib. 6, cap. 194.

Que les fidèles ne pratiquent à l'égard de leurs morts ce qui est resté des mœurs païennes... qu'ils ne mangent ni ne boivent sur les tombeaux (1).

(1) Les repas funèbres étaient également fort en honneur en Grèce. Ces sortes de festins sont représentés sur les *lécythi* ou vases funéraires destinés à contenir des parfums et que l'on recueille dans les tombeaux attiques. On en voit plusieurs au Musée du Louvre. Les dessins que portent ces petits vases sont de couleur rouge sur fond blanc. L'espoir de la vie future devant écarter toute idée sombre, le rouge et le blanc étaient chez les Grecs les couleurs réservées aux funérailles, au lieu du noir et du violet dont nous nous servons maintenant.

IV.

Nous avons vu que, par son testament de 1270, Bernard VII avait demandé à être inhumé dans l'église des Dominicains ou Frères Prêcheurs de Clermont : « *in capellâ beatæ Mariæ Magdalenæ.* » Ce seigneur fut le premier de sa famille qui abandonna la sépulture de ses ancêtres à l'abbaye de La Vassin, et ses descendants, suivant son exemple, choisirent leur demeure dernière dans la même église des Jacobins, à l'exception de la branche d'Olliergues qui élut la maison des Cordeliers.

Désormais, La Vassin ne fut plus la nécropole des sires de La Tour, mais ses religieuses ne restèrent pas moins astreintes à toutes les servitudes d'inhumation. A chaque anniversaire, elles durent toujours fournir les luminaires, les tentures de drap noir semé de larmes d'argent, payer le casuel des prêtres assistant à l'office commémoratif.

Elles ne laissèrent point s'effacer sur les murailles de leur église les *litres* ou bandes funèbres peintes au dedans et quelquefois au dehors, car ces *litres* ou *listres*, portant de distance en distance les armoiries des patrons et bienfaiteurs, étaient une marque de vassalité à l'égard des suzerains fondateurs (1). Elles

(1) Bacquet, *Des droits de justice*, nᵒˢ 20 et 21 ; — Maréchal, *Traité des droits honorif. des seigneurs*, t. 2, p. 60. — L'église de St-Genès-du-Retz, canton d'Aigueperse, porte encore sur ses murailles, à l'extérieur, des traces d'anciennes peintures de litres.

durent continuer à entretenir avec soin les tombeaux de leurs bienfaiteurs dans le cimetière attenant au couvent, car il est à remarquer que les sires et dames de La Tour ne furent pas à La Vassin enterrés dans l'église, mais bien dans le cimetière contigu : « Conventus teneatur, dit le testament de Ber-» trand III (1286), facere processionem super tumulum ma-» tris ipsius testatoris et aviæ suæ et parentum suorum jacen-» tium *in cimiterio* dicti loci. » Les fondateurs d'une église avaient, cependant, le droit d'avoir leur tombeau dans le chœur, de même que seuls ils pouvaient apposer leur blason à la principale voûte de l'édifice, tandis que la tombe des sim-ples bienfaiteurs se trouvait sous le porche ou dans la nef, et leurs armoiries peintes seulement sur les tableaux ne devaient figurer ni sur les vitraux du chœur ni sur les pierres du monu-ment (1).

En 1302, l'abbesse *Castellone* rendit foi et hommage à Bernard VIII de La Tour.

Les anciens auteurs nous ont conservé les détails de la cé-rémonie de l'hommage qui était l'acte par lequel le vassal re-connaissait la supériorité de son seigneur et s'avouait son homme (2).

En Auvergne, l'hommage était dit de bouche et de mains (3), parce que le vassal en jurant fidélité mettait ses mains dans les mains de son seigneur et l'embrassait ensuite, en signe de foi. Néanmoins, tous les vassaux n'étaient pas indistinctement admis à embrasser leur suzerain, mais seulement les vassaux nobles (4). C'est ce qu'exprime d'une façon pittoresque l'au-teur du *Roman de la Rose* dans le passage suivant :

> Je n'i laisse mie touchier
> Chascun bouvier, chascun bouchier,
> Mais estre doit courtois et frans
> Celui duquel homage prens.

(1) Maréchal, t. 2, p. 153 et 156.
(2) Brussel, *Usage des fiefs*, t. 1er. — Ducange, V° *Hominium*.
(3) Justel, *Preuves*, p. 93, 95 et 96.
(4) Delaurière, *Glossaire du Droit français*, au mot *Bouche*.

D'autre part, les femmes étaient dispensées du baiser « pudoris et honestatis causâ (1). »

Sans crosse et le voile baissé, l'abbesse du monastère vassal se présentait entourée de ses religieuses devant le seigneur suzerain ou son mandataire, dans la salle capitulaire de l'abbaye. Après s'être agenouillée, elle mettait ses deux mains dans celles du suzerain et déclarait à haute voix tenir le couvent et toutes ses dépendances de son maître et seigneur, jurant lui être toujours foyalle et loyale (2).

Un acte dressé dans la forme authentique constatait ordinairement l'accomplissement de l'hommage. Les Archives nationales possèdent la déclaration faite en 1302 par Castellone au profit de Bernard de La Tour, déclaration dont Baluze reproduit également le texte latin dans les preuves de son *Histoire de la Maison d'Auvergne* (3). Voici la traduction littérale de ce document.

« Nous Castellone, humble abbesse du monastère de *la*
» *Vayssi*, de l'ordre de Cîteaux, et tout le dévot couvent de ce
» lieu, faisons savoir à tous ceux qui ces présentes lettres ver-
» ront que de notre plein gré et sciemment, après en avoir au-
» paravant délibéré entre nous en notre chapitre, nous
» avouons et reconnaissons pour vrai, en présence de noble
» homme Bernard, seigneur de La Tour, damoiseau, recevant
» ce qui vient d'être dit et ce qui est écrit ci-après pour lui et
» pour ses héritiers et successeurs à perpétuité, que nous tenons
» en fief du dit seigneur de La Tour et que nous avons tenu
» d'ancienneté des prédécesseurs dudit seigneur toutes les
» choses qui sont indiquées plus bas, à savoir le monastère de

(1) Ducange, V° *cit°*.

(2) L'hommage se rendait parfois d'une façon singulière. Ducange cite une charte de 1329 d'après laquelle Marie de Brebant, dame de Vierzon, vassale de Robert d'Artois, comte de Beaumont, devait, pour rendre hommage, se tenir à cheval au gué de Noies « les deux pieds de derrière de sa monture dans l'eau du gué et les deux pieds de devant à terre sèche, par devers la terre de Meun, » tandis que le suzerain, également à cheval, maintenait, pour recevoir l'hommage, son palefroi dans la même posture.

(3) *Archives nat.* J. 1093, n° 2. — Baluze, t. 2, p. 566.

» *la Vayssi* avec ses appartenances, item les mas de *la Gran-*
» *geta, de Palutz, de las Andas, de Lasbro, de la Gonsonia,*
» *de Palnes, de Frigidofonte, de Brumassanghas, de Cacha-*
» *fau, del Joanil, de la Noghairola, de Cossac, de Lacu, de*
» *Brossos, de Verchaletz,* et le mas de *Longha-Chalm* qui
» jadis fut la propriété de sire Gerauld de Chanterelles, avec
» les droits et toutes les dépendances desdits mas, item les do-
» maines ou tenures de *las Pruneyras, de Bonnoza, de Cha-*
» *parogha, de Chapsalvanda,* et le domaine *de la Pruneyra*
» que détiennent *les Arzileyr* avec ses droits et les dépendances
» desdits domaines et tenures, item les tenures que nous avons
» dans la montagne *de Lacu Chanet* et celles que tiennent de
» nous *Jean et Géraud Esparveyrs* dans l'endroit et les appar-
» tenances du hameau de *Picharanda,* item les tenures et les
» choses que nous avons dans le hameau *del Montbeliart,* item
» tous les cens et rentes et tous les droits que nous possédons
» et avons coutume de percevoir sur la terre et sous la terre et
» juridiction dudit seigneur de La Tour.

» Nous reconnaissons également que toutes les choses qui
» précèdent sont et ont été d'ancienneté en la garde et sous
» la bonne garde, ou la puissance et dépendance dudit sei-
» gneur de La Tour et de ses prédécesseurs, et que c'est par
» ceux-ci qu'a été fondé ledit monastère.

» Nous promettons de bonne foi ne rien faire et n'avoir rien
» fait à l'encontre de ce qui précède qui puisse diminuer et in-
» firmer la validité à perpétuité des reconnaissances susdites, et
» nous renonçons par ce fait à l'exception de dol et en fait à
» l'action de lésion, de tromperie et d'erreur et à tous privi-
» lège, usage et coutume et à tout droit canonique et civil et au
» bénéfice du droit velléien (1) et au droit qui proclame nulle

---

(1) En droit romain, les femmes ne pouvaient s'engager pour autrui, soit par
fidéjussion, soit par constitut, soit par tout autre moyen. « *Ne pro ullo feminœ*
» *intercedant* » ; disait le sénatus-consulte velléien. (F. 1, 2, § 1er ad sc.
Velleianum D. 16. 1.) Néanmoins, si une femme s'engageait, malgré la défense
exprimée, on lui permettait de repousser le créancier par l'exception du sénatus-consulte velléien.

» la renonciation faite d'une manière générale, laquelle renon-
» ciation nous voulons être aussi valable que si nous eussions
» renoncé à chacun des droits en particulier. Nous consentons
» à pouvoir être rappelées à l'observation de ce qui précède par
» tout juge ecclésiastique ou séculier. En témoignage de quoi,
» nous avons apporté notre sceau, le seul dont nous nous ser-
» vions, pour l'apposer sur les présentes lettres (1).

    » Donné le vendredi avant la fête de Sainte-Foi, l'an du
» Seigneur treize-cent-deux. »

Les possessions du monastère de La Vassin étaient, comme
on le voit, d'une certaine étendue au commencement du XIVe
siècle ; de plus, la renonciation faite par les religieuses au bénéfice du sénatus-consulte velléien nous prouve qu'à cette époque
l'abbaye était de droit écrit, c'est-à-dire régie par la loi romaine.

. Cette circonstance est digne d'être remarquée, car en Auvergne la plupart des couvents de femmes se virent dès le XIIe
siècle enlevés à la juridiction du droit romain pour être soumis
par leurs suzerains au droit coutumier.

Favorisées par la puissance du glaive et par l'autorité de la
force, les coutumes particulières, personnelles, territoriales
avaient surgi de toutes parts, sortant de la bouche des baillis
qui plantaient l'épée du seigneur en terre et *disaient droit*.

En face de ce grand code romain, dû au génie du stoïcisme
antique, devant ce droit écrit que l'Eglise avait en quelque sorte
rendu chrétien en l'appelant, après la conquête des Franks, au
secours des vaincus comme une sauvegarde et comme un prin-
cipe de spiritualisme, *le droit haineux*, selon l'expression de
Bouteiller (2), s'était levé, résolu à la lutte, et, soutenu par
les barons, il gagnait tous les jours du terrain.

____

(1) Ce sceau est conservé aux Archives nationales sous le n° 9,265. Il porte
en exergue : S. *(sigillum) abatissœ de la Vaysi*, et représente une abbesse tenant de la main droite une crosse et de la main gauche un livre ouvert.
    (2) *Somme Rurale, tit. 1er.*

A côté de La Vassin, Féniers, abbaye d'hommes, fondée par la maison de Mercœur, obéissait aux coutumes. Dans la Haute-Auvergne, plusieurs monastères de femmes conservèrent le droit romain, tels que Saint-Jean-des-Buix, à Aurillac, Brageac, soumis aux Scorailles, Champagnac aux Sartiges (1).

(1) Branche, *L'Auv. au moyen-âge*, p. 451.

V.

Bien qu'il ne reçût plus les restes mortels des principaux membres de la famille qui l'avait fondé, le monastère de La Vassin ne fut cependant pas oublié par les descendants de ses premiers maîtres. En outre, plusieurs des seigneurs de la province ne manquèrent pas de le comprendre, à différentes dates, dans la distribution de leurs largesses suprêmes.

Dans son testament de 1296, Robert III, comte de Clermont et d'Auvergne, donne à ce couvent la somme de dix livres une fois payée.

Dans un testament postérieur, en date de l'année 1302, le même Robert lui fait un legs de quinze cents livres tournois, avec stipulation qu'on diviserait cette somme pour les besoins de la communauté (1).

En 1317, par acte de dernières volontés passé le samedi après la fête de Saint-Géraud, Bernard VIII lègue à La Vassin cent sous payables chaque année à perpétuité, à prendre sur la leyde de La Tour. De plus, le testateur prescrit à sa fille et à

(1) Baluze, t. 2, p. 501.

son héritière, Delphine, femme d'Astorg d'Aurillac, d'acquitter, sans diminution, le legs que Bertrand III a fait précédemment aux religieuses de La Vassin, à savoir : une réfection de pain de la valeur de dix sols, à perpétuité, le lundi de chaque semaine, avant la messe. Il donne ensuite quarante sous par an aux mêmes religieuses, à l'intention de sa femme prédécédée, et enfin il ordonne qu'une réfection aura lieu dans l'abbaye, immédiatement après sa mort, avec recommandation que les convives ne l'oublient pas dans leurs prières (1).

Le couvent de Féniers, les églises de Saint-Saturnin, de Saint-Pardoux, de La Tour, de Saignes, de Chastreix et de Besse ont part aux libéralités du testateur, qui veut que les prêtres et les clercs de ces diverses localités fassent un repas l'année de son décès, et que les pauvres reçoivent l'aumône d'un pain de la valeur d'un denier, ou un denier en monnaie. Le repas et l'aumône en question devront être annoncés huit jours d'avance dans les endroits où ils auront lieu.

Bernard VIII mourut au mois de décembre 1325. Quatre ans auparavant, en 1321, il avait permis au Chapitre de la Cathédrale de Clermont de prendre les pierres de la chapelle de Vassivière, alors en ruine, pour bâtir l'église de Condat.

Baluze nous donne le texte de cette permission qui n'est pas sans intérêt pour l'histoire de Vassivière et qu'à cette considération nous traduisons ci-après :

« Nous, Bernard, seigneur de La Tour, à notre bailli de
» Besse, et à tous nos autres baillis et serviteurs, salut et
» dilection.

» Nous voulons que vous sachiez et nous notifions à cha-
» cun de vous, qu'il nous plaît que le Chapitre de Clermont,
» pour la construction et l'édification de l'église de *Compdat*,
» prenne les pierres de Vassivière (*Vassiveyra*), dans lequel
» lieu le culte divin ne peut d'ailleurs être exercé, attendu
» qu'il n'y a absolument plus que des ruines et qu'il n'y a pas
» de revenus pour l'entretien d'un prêtre, cet endroit man-

____

(1) Baluze, t. 2, p. 370.

» quant de dotation et personne, pour le moment, d'après
» ce que nous voyons, ne voulant le doter ; d'autant que
» nous avons entendu dire par des personnes dignes de foi
» qu'il se commet en ce lieu et qu'il s'est commis dans les
» temps passés plusieurs choses profanes. C'est pourquoi nous
» ordonnons, mandons et prescrivons, sous peine, qu'aucun de
» vous n'empêche ledit Chapitre ou ses gens de prendre ces
» pierres et de les porter où elles seront nécessaires pour l'é-
» dification de l'église mentionnée. Et nous ne voulons pas
» moins que vous fassiez également connaître à ceux-là les
» causes précitées qui m'ont amené à faire au Chapitre en
» question la susdite concession. Donné et scellé de notre
» sceau, le vendredi, jour de la fête du bienheureux Denis,
» l'an du Seigneur 1321 (1). »

Vassivière ainsi dépouillé des pierres mêmes de ses ruines vit,
d'après la tradition, une nouvelle chapelle s'élever peu après
sur l'emplacement de l'ancienne. Ce second édifice fut, à ce
que raconte Duchesne, renversé par les Anglais pendant la
guerre de Cent Ans, vers l'année 1374 (2).

En 1548, François de Monceaux, panetier de la reine Catherine de Médicis, résolut, pour satisfaire à un vœu, de recons-
truire l'église qui existait autrefois sur la montagne et il obtint
à cet effet des lettres patentes, datées de l'abbaye d'Ainay, à
Lyon, au mois d'août 1548, par lesquelles la reine Catherine
permettait de bâtir un oratoire à Vassivière qui se trouvait dans
la mouvance de sa seigneurie de Ravel.

Le sire de Monceaux allait se mettre à l'œuvre et commencer
les travaux d'édification, quand le curé et les luminiers de l'é-
glise Saint-André de Besse intervinrent et soulevèrent la re-
vendication de droits antérieurs qu'ils prétendaient leur appartenir sur les ruines et l'emplacement de la première construction.

Leurs réclamations ayant été reconnues fondées, le panetier

____

(1) Baluze, *Hist. de la Maison d'Auvergne*, preuves, t. 2, p. 374.
(2) Duchesne, ch. IX.

de la reine se désista de l'autorisation qui lui avait été précédemment accordée et subrogea les luminiers dans ses droits de réédification.

Catherine de Médicis ratifia et homologua cette subrogation le 5 novembre 1549. Voici la copie textuelle de cette homologation que nous avons trouvée dans un amas de vieux papiers, dans les greniers de la mairie de Besse :

« -Catherine, par la grâce de Dieu, reine de France, comtesse de Bologne, de Clermont et d'Auvergne, dame de La Tour, à tous ceux qui les présentes lettres verront, salut.

« Nos chers et amés les curés et luminiers de l'église pa-
» roissiale de Saint-André de notre ville de Besse, nous ont fait
» dire et remontrer que, par nos lettres patentes en forme de
» charte, délivrées à l'abbaye d'Ainay-lès-Lyon , au mois
» d'aoust 1548, sur remonstration à nous faicte, par François
» de Monceaulx, s^r de Besse, un de nos panetiers, qu'il estoit
» en dévotion de édiffier une chapelle en la montagne de *la*
» *Vassivière*, en notre terre de Ravel, à l'endroict de ladite
» montagne auquel il y a une croix de pierre, une ymage de
» la Vierge Marie, Mère de Notre Seigneur, une belle fontaine,
» icelle chapelle fonder à l'honneur de ladite Dame, de la doter
» par l'establissement d'un chapelain qui y célébrera la sainte
» Messe, nous aurions permis au dict de Monceaulx icelle cha-
» pelle édiffier, fonder et de la doter, luy donnant et concé-
» dant et à ses successeurs et ayant cause tous les droicts que
» nous y avons et pouvons avoir sauf la supériorité de recon-
» naissance d'un denier France qu'il nous seroit tenu de payer
» chascun an à notre receptte dudit Ravel, taisant ou igno-
» rant par le dict sieur de Monceaulx les droicts de prescription
» ordinaires que, à cause de la dicte chapelle appartenoient
» et estoient leurs et aportés par les dicts supplians à leur
» grand préjudice et dommage ; ce que despuis iceluy de
» Montceaulx entendant et reconnoissant la grande justice qui
» y avoient les dicts supplians, leur auroit entièrement cédé et
» transporté son dict droict et toutes les concessions et permis-
» sions des susdictes par nous à luy faictes sous notre bon plaisir.

» Savoir faisons que nous désirant la conservation des droicts
» de nos sujets et ce mesmement qui peut concourir au bien et
» augmentation de l'église et entreténement du divin service
» avec fourniture de dévotion, lesdicts cession et transport
» ainsy faicts par susdict Fr. de Monceaulx aux dicts curés
» et luminiers du droict de permission qu'il avoit de nous
» d'édification, fondation et dotation de la dicte chapelle,
» avons homologué, ratifié, et approuvé, et par ces présentes,
» homologuons, ratifions et approuvons et avons pour agréable,
» permettons et concédons de nouvel à iceux curés et lumi-
» niers de Saint-André de Besse de faire constinuer de édifier,
» fonder et doter la dicte chapelle, tout ainsy que eust pu
» faire le dict de Monceaulx, en vertu de notre dicte permis-
» sion ; leur donnons pour ce tous les droicts que nous y avons
» et pouvons avoir, sauf le dict droit de supériorité et recon-
» noissance d'ung denier qu'ils seront tenus de payer par
» chascun an en notre dicte receptte ordinaire de Ravel. Or-
» donnons en mandement de notre amé et féal conseiller *de*
» *Grommer* de notre dicte cour et aultres terres de la seigneurie
» d'au Chaix, au bailli de La Tour ou son lieutenant au chas-
» teau de Ravel et à nos procureurs recepveurs en la dicte
» terre et tous aultres nos justiciers et subjects que de nos
» présentes ratifions la permission et concession d'édification,
» fondation et dotation de la dicte chapelle, iceulx fassent,
» souffrent et laissent les curés et luminiers de Saint-André
» et leurs successeurs jouir et user pleinement et paisiblement
» sans leur faire trouble, donner ni souffrir estre faict trouble,
» donner auscun empeschement, mais au contraire qu'ils re-
» mettent et fassent réparer et remettre justement au premier
» estat de vœu, car tel est notre plaisir, nonobstant les ordon-
» nances et lettres à ce contraires.

» En témoin de ce nous avons faict mettre notre scel à
» ces présentes. Données à Paris le septiesme jour de novem-
» bre, l'an 1549 (1). »

(1) Archives communales de Besse.

La chapelle commencée en 1550 fut achevée en 1555, au mois de juin, ainsi que le porte l'inscription qu'on lit au-dessus de la porte d'entrée : *Faict le sixième iour de iung l'an 1.5.5.5.*

L'édifice fut restauré au siècle suivant. Nous lisons dans un marché passé le 28 août 1633 devant Cladière, notaire royal à Besse, entre Michel Fohet et Gilbert Lamothe, prêtres, luminiers et marguilliers de l'église Saint-André de Besse, Jean Fohet et Michel Passience, consuls, d'une part, et Jean Lenoir et Simon Puissouchet, maçons « architecteurs, tailleurs de » pierres », d'autre part, le dit Lenoir habitant Clermont et le sᵣ Puissouchet le lieu de *Serre-Soutrane* (Serre-Haut), paroisse de Besse : « les dits maçons et entrepreneurs seront » tenus premièrement de démolir une voye de l'église de » Vassivière qui s'en va en ruine, pour rétablir à neuf la dite » voye, y bastir deux chapelles, l'un du costé du midy et » l'autre du costé du septentrion et ensuite d'en faire la » croupe de l'église à trois fasces et quinze pieds de long, » comme anciennement. L'endroict où seront les dites cha- » pelles sera de la mesme largeur que l'église est à présent. » Seront tenus les dicts entrepreneurs de faire le rehaussement » de l'œuvre susdicte à neuf, de la hauteur de six pieds plus » haut que la voulte de l'église qui est de présent... Le prix » faict et obligation accordé entre les partyes pour le prix et » somme de deux mille sept cents livres, sera payable un tiers » comptant avant commencer l'œuvre, pour bastir les fonde- » mens et les élever hors de terre de la hauteur de six pieds au » moins, l'autre tiers pour rehausser la dicte œuvre de pierres » de taille d'autre douze pieds, et l'autre tiers, comme der- » nier payement, après la besoigne faicte (1). »

M. Boëtte, conseiller à la Cour des Aides à Clermont, donna 1500 livres pour la construction de l'une des chapelles projetées.

Le registre des actes de baptêmes de la paroisse de Besse,

____

(1) Archiv. com. de Besse.

de l'année 1636, porte la note suivante écrite par le vicaire Prades : « Le neufviesme juillet mil-six-cent-trente-six fust » commencée la voulte de la chappelle de Monsieur Boitte, » conseiller pour le Roy en la Cour souveraine des Aydes à » Clermont-Ferrant, ladite chapelle dédiée à sainct Joseph. » Les armoiries dud. s[r] Boitte sont à la clef de lad. voulte, y » ayant esté attachées par M. Simon Pissouchet le 24 d'oust » au dict an. Le dict s[r] Boitte et Mademoiselle sa femme pré- » sens (1). »

Un peu plus bas on lit cette mention : « Le 13 septem- » bre 1636 on a commencé de célébrer la saincte Messe au » grand autel de N. D. de Vassivière, y ayant un autel por- » tatif. »

La marquise de Canillac, née Catherine Martel du Tréfort, donna 700 livres pour la chapelle du Midi.

Par acte reçu Cladière, les héritiers des entrepreneurs Lenoir et Puissouchet qui tous les deux étaient décédés depuis le commencement des travaux, donnèrent aux marguilliers de Besse quittance finale le 18 juin 1640, du prix convenu dans le marché du 28 août 1633 (2).

(1) Archiv. de Besse. Les armes du conseiller Boëtte que l'on voit à la clef de voûte de la chapelle de St-Joseph à Vassivière sont *de gueule au chevron d'or chargé d'une étoile et de deux huchets de même, accompagné en chef de deux étoiles et en pointe d'un croissant surmonté d'une tour à poivrière, le tout d'argent, l'écu sommé d'un casque d'écuyer avec ses lambrequins.*

(2) Archives de Besse.

VI.

La chapelle de Vassivière est voisine de La Vassin : c'est pour cela que nous avons cru devoir, en passant, rendre hommage à l'antiquité de ce pèlerinage, en reproduisant ou en citant quelques documents qui le concernent et qui sont presque tous inédits (1). Nous allons maintenant reprendre la chronique de notre abbaye, continuer de rechercher son passé, nous efforcer de suivre à travers les siècles le fil bien souvent interrompu de son histoire.

Pendant quelque temps encore nous trouverons La Vassin mentionné dans les testaments de sires de La Tour et des autres

(1) D'après la tradition, Vassivière formait jadis une paroisse, ce qui indique que l'existence d'une église chrétienne dans ces lieux remonte à une haute antiquité. Cette église a-t-elle succédé à un temple païen ? Faut-il reconnaître dans le nom de Vassivière la racine *Vasso* ? Il n'y aurait là rien d'impossible. Il ne serait nullement extraordinaire qu'il y ait eu, sur ces montagnes, à l'époque Gallo-Romaine, un oratoire dédié à quelque dieu topique, la découverte faite au sommet du Puy-de-Dôme paraissant témoigner que les hauteurs étaient recherchées pour de tels édifices. Le culte chrétien succéda, à Vassivière, au culte païen, et comme à Orcival et ailleurs, la chapelle remplaçant le temple fut dédiée à la Vierge.

seigneurs d'Auvergne, puis les guerres avec l'étranger et les discordes intérieures survenant plus nombreuses et plus terribles, le silence se fera sur notre couvent, silence profond, impénétrable, qui durera pendant plus de deux cents ans.

Par son testament, en date du 6 août 1328, Bertrand de La Tour, seigneur d'Olliergues et de Murat-le-Quayre, fils de Bertrand III et frère de Bernard VIII, fit au monastère un legs de 40 livres, une fois payé (1).

En 1332, Guillaume XII, comte d'Auvergne et de Boulogne, légua à son tour 20 livres tournois, pour des prières à dire chaque année, le jour anniversaire de son décès (2).

Enfin, le 11 juin 1340, par acte de dernières volontés, Jean, comte de Clermont, dauphin d'Auvergne, fit don aux Cisterciennes de 30 livres tournois, destinées à l'achat de trois setiers de froment qui devaient leur être distribués chaque année, le jour anniversaire de la mort du testateur : « Et nous voulons, » porte le testament, que tant que sera différé le paiement de » ces trente livres tournois, notre héritier universel (Beraud de » Mercœur), paye et soit tenu de payer chaque année au dit » couvent les trois setiers de froment, jusqu'au jour où il ver- » sera les trente livres tournois (3). »

Vers la même époque, en l'année 1341, par acte reçu Bouschet, le mardi après la fête de saint Mathieu, apôtre, le sire de Chauderasse, seigneur et baron de Crestes, faisait donation à l'abbaye de La Vassin de la terre de Prady, située dans sa baronnie, et le donateur se retenait la suzeraineté du fief ainsi concédé (4).

C'était, d'ailleurs, presque toujours sous condition de vassalité qu'étaient faites les donations foncières, aux temps de la féodalité. Par l'effet du contrat féodal, la propriété entière, le *dominium plenum, le jus integrum* se divisait : le bénéficiaire,

----

(1) Baluze, t. 2, p. 706.
(2) Baluze, t. 2, p. 765.
(3) Baluze, t. 2, p. 346.
(4) Archives de Besse.

feudataire ou censitaire (1), recevait le *domaine utile* dont les profits consistaient dans les produits du sol ; le donateur se réservait *le domaine direct*, auquel étaient attachées les obligations ou redevances du feudataire, mais en réalité le possesseur du domaine direct était le seul propriétaire.

Le feudataire avait la faculté de sous-inféoder le domaine servant. Le seigneur était dit *dominant* à l'égard de son vassal immédiat, *suzerain* à l'égard de son arrière-vassal. La sous-inféodation ne lui faisait pas perdre sa directe sur les terres engagées, mais les mutations qui s'opéraient dans les sous-inféodations n'existaient pas à ses yeux.

Les religieuses de La Vassin avaient ainsi reçu le domaine direct des terres que leur avaient octroyées les seigneurs de La Tour, et le sire de Chauderasse leur inféoda pareillement le mas de Prady, à charge d'une redevance annuelle et perpétuelle de trois setiers de froment, une émine d'avoine et une poule, le tout payable au mois d'août, le jour de la fête de saint Julien, et aussi à charge d'avouer le fief toutes les fois qu'elles en seraient requises.

---

(1) On appelait censive la terre concédée moyennant une redevance annuelle. La censive différait du fief, en ce que dans la première l'objet principal de la concession était la terre, sa culture et ses produits, les services et obligations personnels n'étant considérés qu'accessoirement ; tandis que dans le fief, c'était au contraire la personne du vassal qui formait l'objet principal du contrat, le domaine n'étant que le lien qui unissait le seigneur au vassal.

VII.

Grâce aux donations et aux legs que lui faisaient généreusement les grands et petits tenanciers de l'Auvergne, La Vassin prospérait et bon nombre de jeunes filles appartenant à de nobles et riches familles venaient s'y consacrer à Dieu.

La maison de La Tour lui donnait parfois des abbesses et, sous le gouvernement de femmes d'élite et de haut lignage, l'abbaye prenait du renom et un développement relativement important.

C'est ainsi qu'une de La Tour que les auteurs du *Gallia Christiana* indiquent comme ayant été abbesse avant 1350 et qu'ils placent avant *Castellone*, fit construire la grande porte de l'église (1).

Après elle, une *de Trégnolles* eut la crosse abbatiale et *Almodie*, citée dans la charte de Montaigut, fut élue le jour de Sainte-Lucie, en l'année 1350 (2).

Dès le milieu du XIVe siècle nous ne voyons plus de libéra-

---

(1) *Gallia christ.*, t. 2, p. 408. Audigier, *Hist. mss. d'Auv.*, art. *La Vassin.*

(2) *Gallia*, t. 2, p. 408.

lités faites par les grands barons au profit de l'abbaye : les malheurs de l'invasion étrangère, les troubles des guerres civiles arrêtèrent les progrès jusqu'alors continus des établissements religieux.

C'est qu'en effet une lamentable et désastreuse période s'ouvre en 1328 avec l'avènement du premier Valois pour se terminer plus d'un siècle après, en 1453, par la victoire de Castillon.

La défaite de Crécy, le désastre de Poitiers, la captivité du roi Jean, les dévastations commises par les grandes compagnies et enfin la malheureuse bataille d'Azincourt sont autant d'épisodes qui ajoutent quelque chose de plus aux douleurs de la patrie déchirée par les factions.

L'Auvergne eut particulièrement à souffrir de tous ces malheurs publics. Le souvenir du passage de l'armée anglaise et des ravages qu'elle exerça chez nous dans la fatale année de 1356, a été conservé par Froissard qui, dans ses Chroniques, raconte les **tribulations** de notre province : « Si ardoient, dit
» cet historien, et exiloient tout le pays, quant et eulx, chevau-
» chant à leur ayse et trouvant le pays d'Auvergne moult
» gras et rempli de tous biens... Et quand ils estoient en-
» trés dans une ville et qu'ils la trouvoient pourveue de tous
» biens et qu'ils s'y estoient refreschis deux jours ou trois, ils
» s'en partoient, ils exiloient le demourant et défonssoient
» tonneaux pleins de vin et ardoient bleds et avenes et aultre
» chose afin que leurs ennemis n'en eussent amendement (1). »

Les Anglais, sous la conduite du Prince-Noir, marchaient alors sur Poitiers et peu de temps après, à Mautpertuis, le fils du vainqueur de Crécy détruisait la brillante armée du roi Jean.

Parmi les chevaliers auvergnats qui, dans cette mémorable journée, combattirent vaillamment aux côtés du roi de France, le noble suzerain des dames de La Vassin, Bertrand IV de La

____

(1) Froissard, t. 1er, p. 185.

Tour, se distingua au premier rang. En 1360, il eut l'honneur d'être l'un des ôtages envoyés en Angleterre pour l'élargissement du royal prisonnier du traître Denis de Morbecque.

Puis, ce furent les compagnons, les routiers anglais et français qui apparurent en Auvergne et couvrirent nos campagnes, se faisant un jeu de tous les excès, volant, massacrant, blasphémant, n'épargnant ni les vieillards, ni les enfants, ni les monastères, ni les églises, marquant leur route avec du sang et des cendres, ravageant les plus humbles villages pour le seul plaisir de la destruction.

On prêcha une croisade contre les grandes compagnies. Le pape Urbain V les excommunia en 1365. Dans toutes les églises on fit des prières publiques pour demander au ciel la délivrance de ce fléau ; des hymnes furent composés à la même intention (1).

Les Allemands et les Brabançons fournissaient la plupart des recrues à ces bandes qui reçurent de la terreur populaire les plus étranges qualifications : *Mange-bacon, croquants, retondeurs, tard-venus, mauvais garçons, guetteurs de chemins.*

Dans ces temps d'accablement suprême, le tiers-état, on ne saurait trop le répéter, déploya un admirable patriotisme et prit la plus large part à la défense du sol natal. La foule des plébéiens ressentit vivement la honte de l'invasion, et le vilain des villes et des campagnes fut le premier à accourir pour la défense de la patrie.

Les milices communales, qui avaient jadis à Bouvines arrêté la grande invasion germanique, se montrèrent héroïques et prouvèrent d'une manière éclatante qu'elles n'avaient pas déchu de leur antique vaillance. Le peuple, pour repousser l'étranger, ne marchanda ni son argent, ni son sang ; les états des provinces firent d'immenses sacrifices pécuniaires, tout en provoquant des levées considérables de défenseurs.

Lorsqu'après le traité de Troyes, la France eut été livrée

____

(1) Rynaldus, *Annales ecclésiast.*, t. XXVI, p. 110. — Lebœuf, t. III, p. 438.

aux Anglais ; lorsque, seul représentant de la nationalité française, le dauphin Charles errait, délaissé et sans appui, au-delà de la Loire, privé des trois quarts de son royaume, ce fut une fille du peuple qui apparut tout à coup comme la personnification vivante du grand mouvement national, et Jeanne d'Arc sauva la monarchie et la France.

Depuis la bataille de Poitiers jusqu'à la paix de Brétigny, les grandes compagnies occupèrent l'Auvergne. Dans le but de débarrasser ses états d'aussi redoutables garnisaires, Charles V résolut de les expatrier. Henri de Transtamarre disputait alors la couronne de Castille à son frère don Pèdre le Cruel. Le roi de France traita avec les compagnons et les envoya, sous le commandement de Duguesclin, au secours de don Henri, en 1362.

Bertrand de La Tour, l'ancien ôtage de Jean-le-Bon, accompagna l'illustre chef breton dans son expédition au-delà des Pyrénées. De retour en Auvergne, et ses finances se trouvant quelque peu épuisées, par suite de ses nombreuses pérégrinations, Bertrand emprunta aux consuls et habitants de Besse la somme de cinquante florins d'or, et en échange il confirma les priviléges et bonnes coutumes de la ville (1).

Expulsés à prix d'argent de notre province, les routiers revinrent lorsque la guerre se ralluma avec l'Angleterre, en 1370. Des bandes dévastatrices parcoururent les montagnes, mettant tout à feu et à sang. Les villes ouvertes, les bourgs et les monastères dépourvus d'enceinte fortifiée eurent principalement à souffrir.

Nous ne savons si La Vassin put se protéger contre les incursions des ennemis, mais nous voyons la ville de Besse, sa voisine, obtenir à cette époque de Guy de La Tour la permission d'édifier à côté de l'église une grande et haute tour carrée, avec des murs de l'épaisseur de « deux toises et demie, » afin que cette tour pût servir de refuge aux habitants.

---

(1) Baluze rapporte l'acte confirmatif qui est du mardi après la fête des apôtres Philippe et Jacob, de l'an 1366. *Preuves*, t. 2, p. 592.

La permission fut accordée par lettres données *die Jovis post festum beatæ fidis anno Domini millesimo trecentesimo septuagesimo*, et le même Guy octroya en même temps aux gens de Besse la licence de construire un autre fort qui comprendrait dans son enceinte l'église et le château seigneurial (1).

(1) Archives de Besse, Mss Godivel. *Remarques sur la ville de Besse.*

VIII.

On comprend combien devait être misérable et précaire, au milieu de tant d'agitations et de troubles, la situation d'un monastère de femmes éloigné de tout secours et de toute protection.

Les religieuses obtenaient bien de la royauté, comme les bourgeois, la permission de fortifier leurs maisons, de les entourer de « murs, fossés, palissades, ponts-levis, portaux et » barbacanes (1), » mais ces fortifications ne suffisaient pas toujours à arrêter les envahisseurs, et les obstacles vaincus, la rage des assiégeants devenus maîtres de la place n'était que plus terrible.

Néanmoins, les mauvais jours passèrent. Au XVe siècle, l'abbaye de La Vassin, à en juger par les noms de ses abbesses, était florissante et comptait parmi les grands établissements religieux de l'Auvergne.

_____

(1) Voir l'autorisation accordée par Charles VII à l'abbaye de l'Esclache, suivant lettres patentes du 28 février 1435. (Archives du Puy-de-Dôme, Invent. de l'Esclache, t. 1er, p. 77 et 78.— Biblioth. de Clermont, Hist. mss. de l'abbaye de l'Eclache, par A. Tardieu.)

Annette de Tinières qui, en 1442, était à la tête de la communauté, appartenait à une très-ancienne famille qui paraît avoir possédé le fief de Rioux, près de Saint-Pierre-Roche. Dans une charte du 28 septembre de l'année précitée, nous voyons Annette de Tinières conférer la vicairie de l'église de Prades à un prêtre nommé David (1).

Plus tard, Jacqueline de La Tour, sœur de Jean de La Tour, seigneur de Montgascon, gouverna l'abbaye. Elle avait fait profession à La Vassin en 1482, et devint abbesse quelques années après (2).

Cependant, les pillages des routiers, les courses des Gascons et des Anglais, n'étaient pour ainsi dire que les préludes des effroyables dévastations du calvinisme au XVIe siècle.

Pendant le carême de 1540, un jacobin d'Allemagne annonça le premier dans notre pays la parole nouvelle, et, jetée du haut de la chaire de Saint-Paul d'Issoire, cette parole se propagea bientôt dans la province, y semant la division et la haine et préparant la guerre civile avec ses atroces et réciproques vengeances.

Les férocités que commirent en Auvergne les soldats de Merle et des autres chefs huguenots sont innombrables et inouïes. Ils surent découvrir les retraites les plus cachées, ils se montrèrent dans les solitudes les plus étroites, amoncelant ruines sur ruines, pleins d'une rage aveugle de destruction.

C'est ainsi que sous l'abbatiat d'Hélène de Chabannes-Curton qui avait succédé vers 1560 à Antoinette de la Roche-Aymon, abbesse depuis l'année 1544 (3), les calvinistes firent irruption dans le paisible vallon de La Vassin, mirent le feu au

---

(1) *Gallia Christ.*, t. 2, p. 408.— La famille de Tinières possédait aux XIIIe et XIVe siècles la châtellenie de Val, paroisse de La Nobre, près Bort. La terre de Val relevait en fief de la terre de Tinières. (Chabrol, t. IV, p. 823).

(2) Justel, *Preuves, liv.* 3, *p.* 114. — D. Estiennot, *Antiquitates diocœsi Claromont.*, cap. LIX, fol. 325. *Mss. Biblioth. nat.*

(3) Tardieu, *Dict. hist. du Puy-de-Dôme,* V° *La Vassin.*

couvent, massacrèrent ou dispersèrent les religieuses et se livrèrent à toutes les profanations (1).

De stupides iconoclastes brisèrent les effigies de tous ces nobles sires, de toutes ces grandes dames étendus côte à côte, sur de magnifiques monuments sculptés ; des bras impies fouillèrent leurs tombes pour chercher de l'or et des trésors ; leurs cendres exhumées furent jetées au vent.

Après avoir promené à La Vassin la dévastation et l'incendie, l'épouvante et la mort, les huguenots se retirèrent, mais les coups qu'ils avaient portés à l'abbaye l'avaient profondément ébranlée. Ses hôtes avaient été exterminées ou dispersées ; il n'y avait plus que des ruines fumantes ; l'ancienne fondation des seigneurs de La Tour semblait anéantie.

Le monastère se releva néanmoins, mais il fallut du temps et de persévérants efforts. La maison de Chabannes, qui a donné un grand nombre d'abbesses à La Vassin, contribua puissamment à sa restauration.

D'origine ancienne et occupant depuis longtemps les plus hautes fonctions de l'Etat, la famille de Chabannes était fort riche et des mieux apparentées. Ses membres jouissaient héréditairement, depuis le règne de Louis XI, du titre de *cousins* du roi. Ce titre leur fut confirmé à diverses reprises et en dernier lieu le 2 août 1769, par un brevet de Louis XV, donné à Compiègne. Les abbesses de La Vassin appartenaient à la branche dite *de Curton*, fixée dès le XIIe siècle dans le Bas-Limousin, lors du mariage, en 1171, d'Eschivat de Chabanais avec Matabrune de Ventadour, veuve du vicomte d'Aubusson, qui apporta en dot la terre de Charlus-le-Pailloux, près Ussel (2).

Hélène de Chabannes, issue du second mariage de Joachim de Chabannes, baron de Curton, avec Louise de Pompadour, mourut abbesse de La Vassin en 1580 (3).

(1) Branche. *L'Auv. au moyen-âge*, p. 598.
(2) Ctesse de Chabannes, *Not. hist. sur la maison de Chabannes*.
(3) La sœur d'Hélène de Chabannes, Isabelle, était abbesse du Pont-des-Dames (*Gallia*, t. 2, p. 408). Joachim de Chabannes, leur père, sénéchal de

Sa nièce, Michelle de Chabannes, qui avait fait profession au couvent du Pont-des-Dames, lui succéda dans sa dignité et mourut au commencement du XVIIe siècle. Elle fut enterrée dans l'église du monastère, devant le chœur, du côté de l'E-vangile (1).

Toulouse, écuyer d'honneur de la reine Catherine de Médicis, se maria quatre fois : 1º. en 1522, avec Péronnelle de Lévis ; 2º. en 1526, avec Louise de Pompadour ; 3º. en 1533, avec Clauda de la Rochefoucauld, et 4º. en 1547, avec Charlotte de Vienne, dame de Pont-du-Château. Il n'eut qu'un fils, Jean, né de Louise de Pompadour et qui, marié sans enfants à Françoise de Mont-boissier-Canillac, fut tué à la bataille de Renty, en 1553.

(1) *Gallia Christ.*, t. 2, p. 409.

IX.

Autant le **XVIe** siècle fut désastreux pour l'Église, autant le **XVIIe** lui deviendra glorieux. Des réformes dirigées avec humilité et science prospéreront ; de jeunes et robustes branches viendront se greffer sur le vieux tronc monastique, et si en Espagne les fondations de sainte Thérèse et de saint Ignace, en Italie les tentatives de saint Charles Borromée ont déjà donné le signal du grand effort qui devient nécessaire contre les ennemis du catholicisme, en France saint Vincent de Paul, saint François de Salles, madame de Chantal, le cardinal de Bérulle, le père Eudes et bien d'autres apparaissent comme les continuateurs de l'œuvre de résistance.

Non-seulement des institutions nouvelles sont fondées, mais les anciennes constitutions cénobitiques elles-mêmes, plus ou moins profondément atteintes par les troubles des siècles précédents, les antiques règles, telles que celles de Cluny et de Cîteaux, se ressentent du mouvement réformateur de l'époque.

La grande réforme bénédictine de Saint-Maur, introduite en France en 1618, favorisa puissamment l'élan religieux qui se manifestait de toutes parts dans le royaume. Les mesures hardies et radicales n'arrêtèrent point certains novateurs, et l'on vit l'abbé de Rancé, ce moine sublime, digne de la laure des Pacôme ou de la grotte des Antoine, on vit l'abbé de Rancé inculquer aux Cisterciens de la Trappe les plus purs principes monastiques et leur communiquer la ferveur du premier Clairvaux.

Cependant, il faut le dire, tous les monastères de Cîteaux ne reçurent pas la réforme d'une manière aussi complète que la maison de la Trappe. Par un bref du 8 avril 1622, le pape Grégoire XV avait chargé le cardinal de la Rochefoucault de procéder à la révision des statuts de l'ordre, mais, dans l'exécution de son mandat, le cardinal trouva une vive résistance de la part de l'abbé de Cîteaux et du Chapitre général (1). Il y eut dès lors entre les abbayes cisterciennes dites de *la commune observance* et celles qu'on appelait de *l'étroite observance*, une longue et pénible lutte qui se poursuivant avec des alternatives de victoires et de défaites des deux côtés, fut enfin terminée en 1666 par le pape Alexandre VII qui promulgua de nouvelles constitutions révisées (2).

Presqu'entièrement conformes à la règle de Saint-Benoît, ces constitutions portaient spécialement sur l'organisation intérieure, sur la vie intime des cloîtres ; elles ramenaient l'unité, la régularité d'existence, mais elles ne pouvaient donner un nouvel essor à l'ordre auquel elles étaient destinées : le Concordat de 1516, en privant les communautés religieuses du droit d'élire leurs supérieurs pour les forcer à recevoir un chef nommé par le roi, avait enlevé à Cîteaux, comme à tous les autres ordres monastiques, les principes essentiels de vitalité : l'autonomie et l'indépendance (3).

Les Bernardines de La Vassin, dans la lutte qui précéda le

----

(1) Hélyot, *Hist. des ordres religieux*, t. V.

(2) *Bref du pape Alexandre VII pour la réformation générale de l'ordre de Cisteaux. A Paris, chez Sébastien Mabre-Cramoisy, imprimeur dudit ordre de Cisteaux.* 1679.

(3) C'est à partir du Concordat de 1516 que les abbayes dont le roi s'était réservé la nomination prirent le nom d'*abbayes royales*. La Vassin fut de ce nombre.

bref du 19 avril 1666, s'étaient rangées du côté de l'étroite observance, et tandis que beaucoup d'autres abbayes de femmes avaient laissé pénétrer dans la vie claustrale les mollesses et les langueurs du monde, tandis que les Cisterciennes de Tart, en Bourgogne, presque sécularisées, portaient des corsages ouverts, des robes et des scapulaires de soie (1), les hôtes de notre monastère observèrent toujours d'une façon rigoureuse les pratiques et les abstinences prescrites.

Sans doute, elles usèrent de la permission accordée dès l'année 1485 par le Chapitre général de manger de la viande, les dimanche, mardi et jeudi, permission accordée par une bulle du pape Sixte IV, en 1475 (2), mais elles conservèrent une existence humble et solitaire et toujours vêtues, selon les statuts, d'une robe blanche avec scapulaire et ceinture de couleur noire ; elles durent bannir le luxe de leur personne et garder les austérités monacales.

Dans le monastère résidait un confesseur ou chapelain appartenant le plus souvent à l'ordre et nommé par l'abbé de Cîteaux. En cas d'urgente nécessité, ce chapelain exerçait le ministère dans les villages voisins de l'abbaye ; il avait également, en pareil cas, le droit de recevoir et de rédiger les testaments.

Nous puisons ces renseignements dans l'intitulé d'un testament, en date du 28 mai 1622, qui commence ainsi :

« Aujourd'huy, vingt-huitième jour du mois de mai mil-six-cent-vingt-deux, nous Me *Anay Pezdior*, prestre de la paroisse de Champs, diocèse de Clermont, demeurant à présent et servant de chappelain en l'abbaye de *la Vissy* déclairons et certiffions avoir été appellé et employé de la part

_____

(1) Hélyot, t. **V**, p. 471. — Tart était l'un des plus anciens monastères de femmes de l'ordre de Cîteaux. Son abbesse avait droit de visite dans tous les autres couvents. C'était dans cette maison que se tenaient primitivement les chapitres généraux des religieuses. L'abbaye fut réformée en 1623 par Jeanne de Courcelle de Pourlan.

(2) Hélyot, t. **V**, p. 360.

de *Simon Couvail*, habitant du villaige de la Grangette, en la paroisse de Sainct-Donat, ce villaige proche ladicte abbaye et église de *la Vissy*, pour entendre ledict *Couvail* en confession et luy administrer le sainct sacremen de l'Eucharystie en cas de nécessité et croyant n'avoir point tems suffizant pour avoir recours aux S^{rs} vicaires de ladicte paroisse de Sainct-Donat, ce qu'ayant faict par l'advis de la dame abbesse des dames religieuses de ladicte abbaye, craignantz que ledict *Couvail* fust presvenu de la mort sans estre adsisté des saincts sacremens de l'Églize, et après les luy avoir administrés estant dans son lict, il nous a déclaré ester et disposer de ses biens devant nous, en deffaut des notaires, suivant les ordonnances royalles et suivant la permission à nous donnée par lesdics sieurs vicaires, en cas de nécessité de villaiges proches de ladicte abbaye de *la Vissy* et éloignés dudict lieu et église de Sainct-Donat (1). »

(1) Document trouvé dans une maison du hameau de Pallut, près La Vassin.

X.

Michelle de Mons, dont nous voyons le nom dans un titre du 16 novembre 1611, remplaça Michelle Chabannes dans l'administration du couvent (1).

D'après ce titre, qui est une reconnaissance du fief de Prady au profit des sires de Chauderasse, il semblerait qu'il n'y avait à cette époque que deux religieuses dans l'abbaye : Sara de Montagnac et Jeanne de la Salle. Cette reconnaissance est ainsi conçue : « Personnellement estably noble et
» révérende dame Michelle Demons, abbesse de la Veyssie,
» laquelle de son bon gré, en sa dicte qualité d'abbesse et au
» nom de la dicte abbaye et couvent de la Veyssie, convenant
» en main pour dames relligieuses personnes Jeanne de la Salle
» et Sara de Montagnac, relligieuses dudict couvent de l'ordre
» de Cisteaux, auxquelles a promis faire rattifier touttes fois
» quantes qu'elle en sera requise, a recogneu et confessé elle

---

(1) Michelle de Mons appartenait à une famille originaire des environs de Mauriac. En 1327, Hugues de Mons, damoiseau, reconnut tenir en fief de Bertrand de La Tour, le château de la Claretie, paroisse de St-Christophe. (*Nob. d'Auv.*)

» et ses prédécesseuzes abbesses et relligieuses dudict La Veys-
» sie, tenir, porter et pocedder, avoir tenu, porté et poccédé
» de tous tems et d'antiennetté de noble Marc de Chauderasse,
» seigneur et baron de Crestes .... sçavoir : la maison de
» Prady avecq les paschers et le communal attenant à la dicte
» maison, le champ dessoubs la dicte maizon qui est soubz la
» voye et rue commune et au-dessus, qui s'appelle le champ
» du *Crozet*, aussy les champs qui sont du chemin par lequel
» l'on va à sçavoir à Champeix et qui sont sur la rue jusques
» aux champs apelés des Chazis .... et de la champ de
» *Prady* jusques aux champs de *las Saignettes* et retourne du
» dict lieu par le bord du chemin appelé *Dalmas* jusques à
» *Péjoulade.*

» Plus la dicte dame a recogneu et confessé, prenant en
» main comme dessus tenir, porter et pocedder du dict sei-
» gneur de Crestes et des siens en franc fief et hommaige et
» fidellité de la bouche et de la main tout ce que la dicte
» dame et convent tiennent et proceddent des champs dicts et
» appelés des *Chazis* jusques à Crestes, comme aussy ce
» qu'elles poceddent dans le lieu et ténement de Cres-
» tes ... (1). »

Michelle de Mons était encore à la tête du monastère en
1620. Dans un acte de vente du 12 novembre de cette année,
elle s'intitule abbesse de *la Vissy*, prieure de Riom-ès-montagnes et de Saint-Jean de Prady (2). Le prieuré de Riom-ès-
montagnes dépendait, en effet, de l'abbaye de La Vassin qui
avait droit de nomination à la Cure dite de Saint-Georges, du
même lieu (3). Quant au prieuré de Prady, près de Crestes, les
religieuses en jouissaient, parce qu'il était situé sur le domaine
qu'elles tenaient en fief des sires de Chauderasse.

En 1622, un terrible incendie éclata à La Vassin et y causa
des dommages considérables. A peine avait-on achevé de répa-

(1) Archives comm. de Besse.
(2) Archives de Besse.
(3) Pouillé d'Auv., Biblioth. de Clermont.

rer les bâtiments atteints que les flammes consumèrent de nouveau, en 1631, une bonne partie du couvent (1). Presque tous les titres et papiers disparurent dans ces deux sinistres (2). Ce qui restait d'archives, après les destructions des huguenots et l'incendie de 1622, fut à peu près complétement détruit dans le désastre de 1631. On s'explique ainsi la rareté des documents concernant le monastère et l'obscurité qui règne sur son histoire (3).

En 1645, la crosse abbatiale était aux mains d'Elisabeth de Chabannes, qui vers 1660, quitta La Vassin pour aller prendre le gouvernement de l'abbaye de l'Esclache dépendant également de Cîteaux. Atteinte d'hydroposie, Elisabeth ou Isabeau de Chabannes revint dans son premier couvent à la fin du mois de décembre 1662, et y mourut le 3 mai de l'année suivante (4).

Françoise de Chabannes, fille de Christophe et de Gabrielle-Françoise de Rivoire du Palais, avait remplacé comme abbesse sa tante Elisabeth, lorsque celle-ci partit pour l'Esclache. Sous l'habile et sage administration de cette femme à la haute et ferme intelligence, l'antique fondation de la maison de **La Tour** eut des jours de véritable prospérité, et arriva pour ainsi dire à l'apogée de sa splendeur.

Pendant les trente ans que Françoise de Chabannes régit la communauté, le nombre des religieuses s'accrut d'une façon notable, les possessions territoriales s'étendirent, de grands travaux de restauration furent accomplis.

(1) Archives de Besse. Procès-verbal d'invent. du 27 mars 1791.

(2) Archiv. du P.-de-D. Fds, Intendce, Liasses 24 et 25. Série C.

(3) La notice sur La Vassin insérée dans le *Gallia Christiana* est presque nulle, et les auteurs de ce recueil en donnent la raison : « *Cùm ante sexaginta* » *circiter annos incendio absumpta sit, mirum videri haud debet si nec fun-* » *dationis instrumentum nec plurium abbatissarum nomina reperire datum* » *est.* » *Gallia*, t. 2, p. 409.

(4) *Gallia Christ.*, t. 2, p. 209.—Elisabeth de Chabannes était fille de Jean-Charles, marquis de Curton, et de Louise de Margival (*Audigier, Hist. mss. d'Auv.*, art. *La Vassin*).

Quelques baux à ferme, concernant les domaines de l'abbaye et consentis sous l'abbatiat de Françoise de Chabannes, témoignent des améliorations opérées.

Le domaine de Coudert qui, en 1659, n'avait qu'un cheptel de vingt bêtes à cornes, possède en 1668 quatre paires de bœufs valant 266 livres, trente vaches, une jument du prix de 37 livres, et quatre « bourrettes raisonnables. » Le prix de ferme s'élève à 460 livres, 2 quintaux de beurre et « une vi- » nade en Auvergne et en Limosin (1). »

Françoise de Chabannes mourut le 20 janvier 1690. Sa sœur, Elisabeth, qui était entrée dans le monastère à l'âge de six ans et y avait pris l'habit à l'âge de dix ans, fut, le 23 avril 1690, investie du titre d'abbesse par le roi, et une bulle du pape Innocent XII, donnée à Rome, à Sainte-Marie-Majeure le 3 janvier 1691, ratifia la nomination royale (2).

Elisabeth de Chabannes fut installée avec un certain apparat. L'abbé de Bonnaigue, chapelain, qui avait dans la communauté des membres de sa famille (3), présida la cérémonie et prononça un discours qui a été conservé et dont voici le texte :

« MADAME,

« La dignité dont vous avez été revêtue par l'autorité du roi et du Saint-Siége et dont nous avons l'honneur de vous mettre en possession, était due à votre naissance et à votre mérite. La sagesse éternelle l'avait ainsi ordonné ; elle vous avait choisie dans les jours de sa miséricorde et de sa justice : c'est à vous , Madame, à remplir les desseins de Dieu et à combler nos vœux et nos espérances.

____

(1) Archives de Besse, Baux du domaine de Coudert.
(2) *Gallia Christ.*, t. 2, p. 409.
(3) Une dame de Bonnaigue était religieuse à La Vassin, à la fin du XVIIe siècle. (*Papiers de Mme Fonteille.*)

» Vous êtes née avec des sentiments d'honneur ; ils sont héréditaires dans votre famille ; mais vous avez été nourrie et élevée dès votre enfance dans le sein de la religion, vous en avez constamment pratiqué les saints exercices et les vertus les plus héroïques : c'est ce qui attire nos respects et augmente notre confiance.

» Notre saint législateur en décrivant les qualités que doit avoir une abbesse, nous a tracé par avance votre portrait et, en prescrivant les règles de la conduite qu'elle doit tenir, il nous a prévenus sur celle que nous admirons déjà en vous.

» Ce saint veut qu'une abbesse se regarde comme tenant la place de Jésus-Christ, qu'ayant reçu l'esprit d'adoption, elle le communique à ses filles, afin que dans l'abondance de leur cœur elles s'écrient : Notre abbesse, notre chère Mère, c'est par vous que nous ressentons les avant-goûts de la félicité ; c'est aussi de vous que nous attendons notre consolation dans nos peines !

» Nous ne doutons point, Madame, qu'en cette qualité vous ne serviez d'exemple et que vous ne soyez également puissante en œuvres et en paroles, vous ne craindrez point ce reproche du Saint-Esprit dans le Prophète-Roi : Pourquoi annoncez-vous les œuvres de ma justice ? Pourquoi proférez-vous de votre bouche les oracles de ma loi, tandis que vous négligez le bon ordre et que vous devenez infidèle à ma doctrine ? Non, non, Madame, ces reproches ne sont pas faits pour vous. Vous serez un miroir éclatant des observances régulières, vos actions parleront pour vous, elles se feront entendre jusqu'au fond des cœurs : que dis-je ? elles élèveront leur voix jusqu'au trône de la Majesté suprême.

» Vous n'aurez, suivant le précepte de saint Benoît, vous n'aurez des prédilections et des préférences dans votre communauté que pour celles qui se distingueront par leur obéissance, leur humilité, leurs bonnes œuvres. Toujours la balance en main, vous userez tantôt de douceur, tantôt de sévérité ; vous ne dissimulerez point les abus, mais vous leur couperez racine dans leur naissance. Vous réprimerez la présomption des unes, vous supporterez la faiblesse des autres : en un mot, vous mettrez tout en usage pour conserver le précieux dépôt des âmes qui sont confiées à votre zèle et à votre charité.

» Maîtresse des biens temporels, vous les gouvernerez avec prudence, avec économie, sans vous méfier de la Providence, sans vous plaindre de la médiocrité.

» Vous vous souviendrez, Madame, que vous vous êtes chargée d'un grand fardeau et que vous rendrez compte de l'un et de l'autre état de cette maison au terrible jugement de Dieu : mais ce qui ferait le trouble et la confusion de toute autre, fera votre gloire et le triomphe de la religion.

» C'est au milieu de vous, mes chères Sœurs, que le Seigneur a pris plaisir de former cette personne selon son cœur, si accomplie, si digne d'être placée sur vos têtes.

» C'est dans ces vues qu'il la retira à bonne heure du monde, de ce monde qui n'était pas digne de la posséder, pour lui donner un rang de prééminence dans le sanctuaire de son Eglise.

» Elle fera consister son bonheur à procurer le vôtre et à vous en assurer un plus durable. Rendons d'immortelles actions de grâces à Celui qui distribue à un chacun, selon son bon plaisir, les dons de la nature et de la grâce, mais qui les a tous abondamment réunis dans notre illustre abbesse. Elle ira de vertus en vertus, elle marchera à grands pas dans les voies de la perfection.

» Puissiez-vous, Madame, pour notre commune satisfaction, régner longtemps dans ce dévot monastère et recevoir encore la couronne de l'immortalité (1). »

____

(1) *Papiers de madame Fonteille, de Riom-ès-Montagnes, l'une des dernières religieuses de La Vassin.* — Nous sommes heureux d'exprimer ici toute notre reconnaissance à la famille Fonteille pour l'extrême obligeance qu'elle a mise à nous communiquer les papiers en sa possession. Parmi ces papiers se trouve un antiphonaire manuscrit « selon le sacré ordre de Cisteaux, » dédié à très-noble et très-illustre Dame, Madame Elisabeth de Chabannes-» Curton très-sage et très-vertueuse Abbesse de Lavassin dudit ordre de Cis-» teaux, au diocèse de Clermont en Auvergne, etc. par son très-humble et

La Vassin, administré par Elisabeth de Chabannes, vit se continuer la prospérité que lui avait donnée la sage direction de la précédente abbesse.

En 1696, suivant contrat reçu Amblard, le 3 novembre, le monastère acheta à Charles de Trémeuge, écuyer, sieur de la Fosse et du Chaumay, habitant la paroisse de St-Hérent, près Ardes, le domaine de Chabannes, situé dans les dépendances de Saint-Donat.

En 1697, ce domaine était affermé moyennant le prix de « quatorze vingts livres, argent, cinquante livres de fourme, et » une vinade pour une chascune des huict années, » aux sieurs Pierre Barbat et Antoine Tournadre, laboureurs du lieu de Marchal (1).

Le 22 septembre 1699, l'abbesse signa un traité avec Guillaume Loubeix, curé de la paroisse de Creste, au sujet de la portion congrue. Par cet acte, il fut stipulé que le curé recevrait annuellement, à la Saint-Mathieu, la quantité de trois setiers de conseigle, mesure de Champeix, à condition qu'il ne réclamerait aucun droit sur le prieuré de Prady et sur l'église de ce prieuré.

Au moyen de cette transaction, le procès pendant entre les parties depuis l'année 1696 se trouva éteint (2).

D'après le *Gallia Christiana*, La Vassin comptait vingt religieuses en 1712 (3). Il n'y en avait plus que seize en 1723 (4). C'étaient : Mesdames de la Salle, Jeanne du Puy-

---

» très-obéissant serviteur frère Balthazar Bec, religieu prestre et profes de
» l'abbaye de Bithaine ordre susdit dans la Franche-Comté, au diocèze de
» Besançon, présentement conventuel en l'abbaye de Fenniers. — 1704.— »
Ce livre de chants est orné de dessins à la plume et de vignettes coloriées.

(1) Archives mun. de Besse.

(2) Archives de Besse.

(3) *Gallia*, t. 2, p. 409.

(4) V. Obligation de rente de 215ᵗ, souscrite par François de la Salle, écuyer, seigneur de Puy-Germaud et de Rochemaure, reçue Vialle et Amblard, le 14 septembre 1723. (Archiv. de Besse.)

Germaud, Charpentier (1), Périer, de Charmay, Reymond, Jaëtz, de Fontanges, Auriel, de Mascon (2), du Sauzet, Sauvat, Morin, du Cros, de Mallesaigne.

Elisabeth de Chabannes était encore abbesse en 1724 (3) et Françoise de Chabannes remplissait les fonctions de coadjutrice.

D'après un état dressé le 18 janvier 1725 par M. de Mallesaigne, subdélégué à Bort et transmis à M. Bidé de la Grandville, intendant d'Auvergne, il y avait à cette date vingt-trois religieuses professes dans le couvent, sans comprendre l'abbesse et la coadjutrice et cinq sœurs converses. Point de novices. Quinze des religieuses avaient de 18 à 20 ans, huit de 35 à 45 ans et les autres de 50 à 60 ans.

Ce document nous apprend, en outre, que l'abbaye n'était pas en commende mais en règle, que l'abbesse résidait dans sa communauté et que les revenus, s'élevant à 5,000 livres environ, consistaient en :

1°. La dîme de Riom montant à 120 setiers de blé environ et 60 setiers d'avoine, avec dîme sur les agneaux ;

2°. Le domaine de *Parran*, paroisse de Champs, meublé de 18 vaches et où il se sème 18 septérées ;

3°. Le domaine de *Coudert*, paroisse de Trémouille, de 20 vaches et de 7 à 8 septérées semées ;

---

(1) Le 21 février 1731, sœur Charpentier fut investie par l'abbesse de la charge de première sacristaine qu'elle conserva jusqu'au 21 juin 1733. Sœur Périer lui succéda et fut remplacée à son tour, en 1742, par sœur Jaëtz. Mesdames du Sauzet et Fonteilte-Vialle (1781) remplirent ensuite les fonctions. (*Papiers de madame Fonteille, livre de la recette de l'argent de l'église, depuis l'année* 1726.) Il existait deux confréries dans l'église de La Vassin, celle de St-Jean et celle de St-Eutrope. Elles avaient des affiliés jusque dans les paroisses de St-Genès, Picherande et Egliseneuve. Les *reinages* produisaient environ 80 livres par an.

(2) La famille de Macon habitait Ludesse ; elle possédait les fiefs de Sauzet, de la Martre, du Poirier, de Ludesse, de Frédeville, de Busséol, etc. *Nob. d'Auv.*

(3) V. Bail du domaine de Chabannes consenti à Jacques Meallet, de Marchal, le 25 septembre 1724 par Elisabeth de Chabannes. (Archiv. de Besse). Cette abbesse mourut en 1730.

4°. *Gines*, paroisse de Saint-Donat, contenant 20 vaches et 7 à 8 septérées semées ;

5°. *Chabannes*, même paroisse de Saint-Donat, avec 17 septérées et 8 à 9 vaches ;

6°. *Prady*, n'ayant d'autres revenus que le grain, soit 40 setiers.

« En tout, soixante-dix vaches ou environ qui, sur le pied
» de 20[#] de revenu, plus le produit du grain partagé dans les
» domaines avec les métayers ; de quoi il faut déduire les
» charges. »

L'abbaye possédait, en outre, quelques parcelles de terres au village de la Bannut, ne formant pas un corps de domaine et rapportant quinze *pistoles* ; des prés dans le lieu de La Vassin, pour nourrir quatre paires de bœufs servant à charrier les bois et autres choses nécessaires à la communauté.

Les observations finales de M. de Mallesaigne sont celles-ci :
« L'abbaye est en très-mauvais état ayant été brûlée depuis
» près de 80 ans et n'ayant pas été bien rétablie. Le surplus
» des bâtiments, savoir les granges et les maisons pour les
» métayers, a besoin de grandes réparations. Il est dû au mo-
» nastère de 7 à 8,000 livres en principal. Tous ses revenus,
» y compris le grain, le produit des vaches et les créances,
» sont de 5 à 6,000 livres qui suffisent aux religieuses pour
» vivre, par leur grande économie. Toutes s'habillent et s'en-
» tretiennent à leurs dépens et des pensions qu'elles ont (1). »

Invité par le ministre à donner son avis sur la situation matérielle des différentes communautés religieuses de sa province, M. de la Grandville émet l'opinion, en 1728, que l'abbaye de La Vassin n'est pas fort riche, mais qu'elle a de quoi subsister (2).

(1) Archives du Puy-de-Dôme. — F^{ds} Intend^{ce}, série C. L. 24 et 25.

(2) « Le roy, écrivait M. d'Armenonville à l'Intendant d'Auvergne, le 12
» mai 1727, s'étant fait rendre compte de l'état fâcheux où se trouvaient plu-
» sieurs monastères de filles religieuses et ayant reconnu la nécessité d'y
» pourvoir, a jugé à propos de former une commission composée de prélats

Le monastère était alors occupé par 24 religieuses de chœur, 2 postulantes, 6 converses, une dame retirée et 4 pensionnaires.

Nous voyons d'après un bail à ferme du domaine de Chabannes, reçu Barrier, notaire royal à Saignes, le 17 mars 1732, que l'ancienne coadjutrice, Françoise de Chabannes, possédait à ce moment l'abbaye (1). Cette abbesse mourut vers 1742 (2).

A Françoise de Chabannes succéda Marie de Mascon que des titres de 1747 nous indiquent comme étant alors abbesse (3).

Madame Elisabeth ou Isabeau de la Salle de Rochemaure eut ensuite l'abbaye.

Cette abbesse qui était entrée comme novice à La Vassin, à l'âge de quinze ans, le 19 novembre 1720, avec sa sœur Jeanne de la Salle, appartenait à une vieille famille des environs de Bort. Le fief de Rochemaure dont cette famille prenait le nom était situé dans la paroisse de La Nobre. Un La Salle de Rochemaure fut tué à la bataille de Cros-Rolland, près Issoire, dans les rangs des Ligueurs, le 14 mars 1590 (4). La maison de la Salle qui, pendant plus de deux siècles, fournit des religieuses à l'abbaye de La Vassin, n'était pas des plus fortunées. Lorsque Jeanne et Elisabeth prirent le voile en 1720, leur frère François (5) s'engagea à verser à la commu-

---

» et de quelques magistrats de son conseil pour examiner les différents mémoires qui ont déjà été envoyés à ce sujet... M. le cardinal de Rohan qui est à la tête de cette commission vous adressera les instructions qui vous sont nécessaires pour satisfaire pleinement à ce que Sa Majesté désire de vous sur ce sujet et c'est à lui que vous enverrez, en exécution de l'arrêt, tout ce qui a rapport à cette commission. » (Archives dép., F^ds de l'Intend., série C, liasse 24.)

(1) V. Bail du domaine de Coudert reçu Barrier, le 24 mars 1736, consenti par la même à Jean Moins, du village de Palendreu, paroisse de Marchal. (Arch. de Besse.)

(2) Papiers de madame Fonteille. *Livre de la recette de l'église.*

(3) Bail du domaine de Parran reçu Veyssier, notaire à La Tour, le 25 mai 1747. (Archives de Besse.)

(4) Chasteau du Breuil, *Précis des guerres religieuses en Auvergne.*

(5) Ces deux religieuses avaient un autre frère, Pierre de la Salle, curé de St-Barthélemy-d'Aydat en 1748.

nauté une dot de 4,300 livres en trois paiements, savoir :
2,000ᵉ le jour de la profession et le surplus dans le cours des
deux années suivantes. Mais François de la Salle ne put, aux
échéances fixées, remplir ses engagements et un traité fut
conclu, le 14 septembre 1723, entre lui et le monastère,
traité aux termes duquel l'obligation du 19 novembre 1720
fut convertie en une rente de 215 livres, payable le 18 octobre de chaque année (1).

(1) V. Acte d'obligation reçu Amblard le 14 septembre 1723. (Archives de
Besse.)

XI.

Le gouvernement de Louis XV, ayant chargé les magistrats des sénéchaussées du royaume de recueillir des renseignements sur les titres de fondation des établissements religieux dans chaque province, et, en outre, de fournir des états détaillés des recettes et des dépenses de chacun de ces établissements, M. Dufraisse du Cheix, procureur du roi à Riom, se livra en Auvergne, vers 1750, à ce long et minutieux travail qui dura plusieurs années et parmi les documents qui lui furent transmis par les abbés, prieurs et abbesses des différents monastères, documents conservés aux archives du département du Puy-de-Dôme, nous trouvons la pièce suivante concernant La Vassin.

DOMAINES DE L'ABBAYE DE LA VASSIN.

Vigier. — L'abbaye possède un domaine dans la paroisse de Chastreix du rapport de.................... 840[t]
Ce domaine est chargé de taille ou impositions,... 300

De cens et dîmes seigneuriaux ou fondations......   90[livres]

Pour réparations........................   30

Gines. — L'abbaye a ce domaine dans la paroisse de Saint-Donat, du rapport, argent, de.................   500[livres]

Est chargé de taille et impositions pour.........   200

Cens dus à Besse.......................   12

Réparations par an......................   25

Chabannes. — Plus un autre domaine dans la dite paroisse de Saint-Donat, du rapport de.............   240[livres]

Paye en taille ou impositions, ci..............   130

Cens, ci............................   3

Pour réparations......................   15

Coudert. — Un autre domaine dans la paroisse de Trémouille-et-Marchal, du rapport par an de.........   470[livres]

Taille, ci............................   200

Réparations, ci.......................   20

Parrant. — Un autre domaine, dans la paroisse de Champs, qui est du rapport de 80 livres, argent, blé 26 septiers, blé noir 10 septiers, mesure de Bort et à raison de 4 quartons le septier.

Le tout quitte et après charges payées.

Pour réparations, ci.....................   30[livres]

Prady. — De plus, un autre domaine à Prady, dans la paroisse de Crestes, qui est du rapport de 25 septiers, à raison de 8 quartons le septier, mesure de Champeix, quitte, après les charges payées. Pour les réparations par an, ci...   20[livres]

Dîme à Riom-ès-Montagnes. — A raison de 20 gerbes une, du rapport de 200 septiers, à raison de 8 quartons le septier, mesure de Riom. De plus, la dixme des agneaux à 10 un, pouvant y en avoir années communes 30, et la valeur 50 livres.

De plus, un pré que la dite abbaye a au dit Riom, du rapport de 80[livres], et la charge pour l'abbaye de payer à M. le curé du dit Riom et à son secondaire 450[livres] de pension congrue par an, et la dite abbaye est obligée de payer pour la levée de la dixme par an 50[livres].

L'abbaye. — Dans l'enclos d'icelle une écurie et grange et bâtiment, outre la maison de la dite abbaye qu'il faut entretenir de réparations ; autour, jardin, pré, du rapport commun de 40 chars de foin, 10 têtes, qui est pour l'estivage des bestiaux de la dite abbaye.

L'abbaye fait aussi valoir avec l'enclos du couvent un petit *quarteron* de biens et héritages dans Pallut, même paroisse de Saint-Donat, limitrophe, à l'entour de l'abbaye, composé d'un petit bâtiment qu'il faut entretenir et la tenue de 4 vaches, du rapport du 40^{tt}.

Il y a de plus dans l'enclos un moulin à farine.

DÉPENSES.

Pour M. le directeur et confesseur des dames, ci..   100^{tt}
Pour l'agent d'affaires, ci....................   100
Pour un jardinier, ci.......................   45

Pour 4 valets pour faire valoir l'enclos, apporter du bois pour l'entretien du couvent, 40^{tt} de salaires par an, soit..   160^{tt}

Plus pour 3 messagers et gardes de bestail, chacun 45^{tt}, ci....................   135^{tt}

Plus pour 4 servantes avec la cuisinière, de salaires 15^{tt} chacune, ci....................   60^{tt}

Plus pour les gages et salaires du muletier, pour le service de la dite abbaye, à prix fait....................   200^{tt}

Il faut du moins pour l'entretien de l'abbaye du blé pour cuire deux fours chaque semaine.

Plus 30 quartons de blé en aumônes que l'abbaye est tenue faire.

Faut observer que du moins est nécessaire pour le vin du dit couvent 300 livres.

Pour la viande, tant en bœufs, vaches, boucherie et veaux, moutons et pourceaux, il en faut du moins pour 1,000 livres.

Pour les *fourmes* qu'il faut aussi pour l'entretien, 12 quintaux, année commune, à 15 livres le quintal, ci..... 180#

Plus il faut du moins du beurre pour 10 quintaux, à 30# le quintal, ci............................. .. 300#

Poisson, merluche, etc., ci.................... 240

Huile et pour l'église et chandelles, ci........... 100

Il faut aussi faire les réparations à la dite abbaye qui sont du moins de 100# par an.

Plus pour les gages du maréchal qui est dans la dite abbaye, ci............................... 30#

Comme la dite abbaye est faite sous autre maison et dans un vallon, il faut loger les étrangers qui ont à faire en la dite abbaye qui causent en icelle une dépense considérable.

La dite abbaye n'aurait pu subsister, si ce n'était les pensions de certaines religieuses qui n'ont point payé leur dot et ingrès en religion qui peuvent être par an à 700#, et aussi les pensionnaires qui y sont.

Dans l'abbaye, *il n'y a point de fondation ni aucuns titres.* L'abbaye fut incendiée deux fois, il y a environ plus de cent ans.

Madame l'abbesse déclare que dans l'abbaye il y a des religieuses vingt-cinq professes et cinq sœurs converses, ce qui fait trente.

Il est dû à l'abbaye des cens et rentes avec directe, droits de lods en partie et sans justice.

Les droits et lods à 3ˢ 4ᵈ, argent 150#. Blé, 17 quartons ; avoine, 47 septiers (le septier mesure de Latour). Plus une rente de 70# ; moulin, 66#.

L'état est signé et certifié par l'agent d'affaires du couvent, le sieur Lespinasse « agissant pour madame l'abbesse (1). »

Ce document que nous avons reproduit d'une façon à peu près intégrale, à cause de l'intérêt qu'il présente, nous fait pénétrer dans la vie intime du monastère, en nous donnant le

---

(1) Archives du Puy-de-Dôme. Fᵈˢ de l'Intend., série C, liasse 24.

budget de ses recettes et de ses dépenses. Il nous apprend, en outre, que les Cisterciennes avaient des pensionnaires, des jeunes filles de famille qu'elles instruisaient et élevaient (1), et parmi celles-ci devait se trouver, sans doute, une demoiselle de Saint-Cyr, attendu que toutes les abbayes royales de femmes étaient tenues de recevoir gratuitement une élève de cette maison ou de se rédimer annuellement par une prestation en argent (2).

Elisabeth de La Salle, avant-dernière abbesse de La Vassin, encore vivante au moment de la Révolution, fut une administratrice habile, une gardienne vigilante des droits et des biens de son abbaye. Grâce à son énergique initiative, le patrimoine de la communauté s'accrut et récupéra ce qu'il avait perdu sous des abbesses moins soucieuses de la bonne gestion du temporel.

Les contestations qui s'étaient élevées à la fin du XVIIe siècle entre le curé de Crestes et le monastère se renouvelèrent sous l'abbatiat de madame de La Salle, en 1763.

Le curé, le sieur Faye, soutenait que les religieuses étaient tenues de lui payer la dîme, à cause des héritages qu'elles possédaient dans l'étendue de sa paroisse. Les dames de La Vassin répondaient qu'en vertu des priviléges accordés à l'ordre de Cîteaux, elles étaient exemptes des dîmes, et que bien mieux c'étaient elles qui avaient droit de dîme à Crestes et à Régnat, à cause de la chapelle existant dans le domaine de Prady et constituant un prieuré.

---

(1) « N'inspirez jamais, écrivait madame Robert-Vialle, de Riom-ès-Mon-
» tagnes, à ses deux petites-filles religieuses à La Vassin, la vanité aux en-
» fants dont le soin vous sera confié et souvenez-vous que l'orgueil est le
» péché le plus à craindre... » (Lettre du 5 février 1772. — *Papiers Fonteille*).

(2) On appelait abbayes *royales* celles dont les abbés ou abbesses étaient nommés par le roi depuis le Concordat de 1516 conclu entre Léon X et François Ier. L'abbaye de La Vassin devint ainsi *royale*, sans toutefois jamais tomber en commende. Un monastère était en commende quand il avait été donné par le pape à un ecclésiastique séculier ou à un laïque nommé par le roi. D'ordinaire, ces bénéficiers ne résidaient pas dans le couvent dont ils percevaient la plus grande partie des revenus.

Le sieur Faye ayant objecté que ses adversaires ne pouvaient plus invoquer leurs priviléges, puisqu'elles y avaient implicitement renoncé en s'engageant par des actes de 1703, 1729 et 1747 à fournir une certaine quantité de setiers de blé aux précédents curés, les religieuses se décidèrent à transiger.

La transaction fut rédigée dans l'une des salles de l'abbaye par Me Baraduc, notaire à La Tour, le 21 juillet 1763. Les dames s'obligèrent à payer annuellement au sieur Faye et à ses successeurs, pour abonnement de dîme, la quantité de quatre setiers de blé conseigle, mesure de Besse. L'acte ayant été signé par toutes les religieuses, nous voyons que la communauté était alors composée de mesdames de La Salle, abbesse, du Sauzet (1), prieure, de La Farge (2), Jaëtz, Morin, du Puy-Germaud, Sabatier, Mestas, d'Anglaret (3), de Chalus (4), Laurens (5), Tissonnière, Fayet (6).

Parmi les jeunes filles de famille précédemment religieuses à La Vassin, nous citerons Mlle de Bassignac qui prit le voile le 15 octobre 1731, Mlle de la Colombière, novice en 1741, Mlle Lafon, entrée le 6 octobre 1751 (7).

---

(1) La famille du Sauzet habitait à Bellefont-de-Fournols, près St-Germain-l'Herm.

(2) Les de La Farge étaient seigneurs de la Tour-Goyon et de Moncelard, élection d'Issoire.

(3) De Mallesaigne d'Anglaret. La sœur de madame d'Anglaret, Anne de Mallesaigne, morte en 1748, avait épousé Jean Burin des Rauziers, grand-père de Françoise Burin que nous verrons ci-après religieuse à l'abbaye de La Vassin. — Madame d'Anglaret avait pris le voile le 19 novembre 1727. Elle fit profession le 18 janvier 1728. (Papiers de madame Fonteille, *livre de la recette de l'église*).

(4) La maison de Chalus, très-ancienne en Auvergne, a eu des alliances avec la maison de La Tour d'Auvergne. *Nob. d'Auv.*

(5) Sœur Laurent prit l'habit à La Vassin le 8 janvier 1750, et l'église reçut ce jour-là 7$^{#}$,1 sol d'offrandes.

(6) Les dames Tissonnière et Fayet étaient sœurs. Elles prirent le voile le 25 septembre 1751.

(7) *Livre de la recette de l'église.*

XII.

Son procès avec le sieur Faye terminé, madame de La
Salle rencontra un adversaire autrement redoutable que le curé
de Crestes : le vicomte de Beaune, seigneur de Plauzat, avec
lequel elle eut des démêlés au sujet d'une dîme.

Par acte du 2 décembre 1701, Elisabeth de Chabannes
avait aliéné au profit du vicomte de Beaune le droit de dîme
que le couvent exerçait sur les grains, tant dans la paroisse de
Plauzat, au territoire de *Saint-Georges* ou de *Palloche*, que
dans la paroisse de Saint-Sandoux, sur les terres dites *Papaix
de la Garde.*

Cette dîme était indivise entre les dames de La Vassin, le
seigneur marquis de Plauzat et le Chapitre de l'église Cathédrale de Clermont.

La cession consentie par l'abbesse de Chabannes n'ayant
pas été accompagnée de toutes les formalités voulues, la communauté attaqua en 1769 la validité de la vente, en demanda
la nullité à la sénéchaussée de Riom, et le 22 décembre 1772
survint un arrêt qui déclara nulle l'aliénation du 2 décembre 1701.

Le vicomte de Beaune interjeta appel de cette sentence,

mais les conseillers en la sénéchaussée, après avoir entendu le rapport de M. du Troussel d'Héricourt, condamnèrent, le 20 juin 1777, le seigneur de Plauzat à remettre aux Cisterciennes le quart de la dîme du tènement de Palloche « pour en jouir » par les dites abbesse et religieuses conformément et de la » manière qu'elles en jouissaient avant l'acte du 2 décem- » bre 1701 (1). »

Les frais occasionnés par le commencement de ce procès, joints à la cherté des vivres amenée par une désastreuse di- sette, avaient, paraît-il, singulièrement épuisé, en 1770, les ressources de l'abbaye, car dans l'acte d'ingrès de Françoise Burin des Rauziers, passé devant Me Moulin, notaire à La Tour, le 29 avril 1771, nous lisons que sur les 2,600 livres, montant de la dot de la nouvelle religieuse, 1,600 livres avaient été payées d'avance « à cause de l'extrême besoin et » urgente nécessité où s'est trouvée l'abbaye l'année d'aupa- » ravant, 1770 (2). » L'acte en question est signé par Isabeau de La Salle, *abbesse*, Anne de Mascon, *prieure*, Marguerite d'Anglaret de Mallesaigne, *cellérière*, Jeanne Jaëtz, *première ancienne*, Jeanne de La Salle de Puy-Germaud, Catherine Laurans, Marie Mestas, de Chalus, et enfin par dom Me Ro- bert, *directeur de l'abbaye* (3).

Madame de La Salle eut des luttes nombreuses à soutenir pour la défense des biens de son monastère, elle eut des jours difficiles à traverser, mais elle montra constamment la plus grande énergie et une activité infatigable.

Un jour vint, cependant, où la vénérable abbesse chargée d'années, dut réclamer le secours d'une coadjutrice pour l'ai- der dans le pénible labeur que lui donnait l'administration de sa maison. A cet effet, elle fit venir auprès d'elle l'une de ses nièces, Marie-Madelaine de La Salle, religieuse à l'abbaye

(1) Papiers de madame Fontcille.

(2) C'est après la disette de 1770 que la culture des pommes de terre fut introduite en Auvergne par les soins du gouvernement.

(3) Archives de l'étude Malègue, à La Tour.

Notre-Dame, près de Romorantin, où Marie de La Salle, sœur aînée de Marie-Madelaine, exerçait les fonctions abbatiales.

La nouvelle coadjutrice de La Vassin était la fille de François de La Salle dont nous avons parlé plus haut et que nous avons vu figurer dans les actes d'ingrès de ses sœurs Jeanne et Elisabeth, en 1720 et en 1723. Elle était née au château de Rochemaure le 22 juillet 1737 et avait fait profession en 1758, à l'abbaye Notre-Dame (1). Sa mère, Hélène de Courtilles, appartenait à une famille originaire du Berry ou de la Marche, implantée au XVIIe siècle en Auvergne (2).

A peine installée auprès de sa tante, dans le courant de l'année 1786, Madelaine de La Salle se vit aux prises avec les plus fâcheuses difficultés. Douée d'une vive imagination et toute remplie d'une belle ardeur pour ses nouvelles fonctions, la coadjutrice avait conçu le projet de restaurer l'antique monastère qu'elle était appelée à diriger. Elle voulait modifier certains réglements intérieurs, introduire plusieurs changements dans les pratiques administratives, et par ses soins un feudiste s'occupait à réviser sur place les anciens terriers.

Ces innovations ne furent pas goûtées par tout le monde et notamment par le chapelain du couvent, le sieur Bresson, qui ne tarda pas à créer de graves embarras à la coadjutrice et à son parti.

Une lutte sourde s'engagea, lutte opiniâtre et sans merci qu'entretint l'animosité de quelques religieuses qui avaient vu avec peine une étrangère venir prendre les rênes du gouvernement. Les hostilités ainsi engagées ne devaient pas tarder à devenir éclatantes. En effet, l'abbesse, la coadjutrice, la prieure et quelques autres dames déclarèrent un jour qu'elles ne pouvaient plus accorder leur confiance à l'aumônier et elles demandèrent un autre directeur à l'abbé de Cîteaux. En attendant le changement sollicité, les pénitentes rebelles firent venir

(1) Archives de la mairie de Clermont, reg. de l'état civil. — Archives du Puy-de-Dôme., Fds police et militaire.
(2) Bouillet, *Nob. d'Auv.*

pour les confesser tantôt un religieux de Féniers, tantôt le curé de Trémouille-Marchal.

Ainsi délaissé et réduit, pour ainsi dire, au rôle de chapelain *in partibus*, le sieur Bresson humilié ne se montra que plus ardent au combat. Les choses en vinrent au point que l'évêque de Clermont, Mgr de Bonal, dut se transporter sur les lieux pour tâcher de ramener un peu de calme dans les esprits (1).

L'abbé de Cîteaux n'ayant pas répondu à la demande qui lui avait été faite d'un changement de directeur, l'évêque accorda aux religieuses la permission de prendre pour confesseur extraordinaire l'abbé Julhiard, curé de Marchal, et, cédant à la pression épiscopale, le sieur Bresson approuva cette permission.

Ce *modus vivendi* subsista quelque temps jusqu'à ce que le chapelain, voyant que les réclamations des religieuses n'aboutissaient point, résolut d'avoir le dernier mot dans cette affaire.

La veille de la Toussaint de l'année **1788**, les dames se disposaient à se confesser à un religieux de Féniers, à défaut du curé de Marchal empêché. Elles étaient à l'église occupées à chanter matines, lorsque le chapelain survint brusquement et interrompant la psalmodie, apostropha ainsi la communauté : « Mesdames ! je vous défends de vous confesser au religieux, » sous peine de nullité de confession et d'encourir les cen- » sures de l'ordre (2). »

(1) Nous avons trouvé dans les papiers de madame Fonteille le texte du sermon prononcé par Mgr de Bonal lors de sa visite à La Vassin. Le prélat commença son allocution par ces paroles tirées de l'Epître de saint Paul aux Galates (*Ad. Galat.*, cap. 5) : *Vous couriez si bien dans la voie de Dieu. Qui est-ce qui vous a arrêtés dans votre course pour vous empêcher de suivre la vérité ? Ce sentiment dont vous vous êtes laissés persuader ne vient pas de Celui qui vous a appelés. Un peu de levain aigrit toute la masse. J'espère qu'à l'avenir vous rentrerez dans les sentiments que vous devez avoir, mais celui qui vous trouble, quel qu'il puisse être, en portera le jugement et la peine.* — L'évêque, dans cette exhortation, presse vivement ses hôtes de se rappeler le précepte : Aimez-vous les uns les autres et de s'y conformer : il ne leur ménage pas le blâme, et signale leur orgueil et leur amour-propre comme ayant causé tout le mal.

(2) Archives du Puy-de-Dôme, F^{ds} de l'Evêché. Papiers de Bonnal, I. n° 5; *Religieuses de Vassin, confession. — Rapport des faits pour juger si l'excommunication a lieu.*

Or, les censures de l'ordre étaient l'excommunication majeure, et les lettres patentes délivrées par François Trouvé, abbé de Cîteaux, le 14 décembre 1785, prescrivaient formellement « sous peine de désobéissance et des censures de l'ordre », de reconnaître et « d'honorer en qualité de père confesseur et » directeur de l'abbaye le dit sieur Bresson. »

On conçoit dans quel trouble la violente sortie du père confesseur jeta les religieuses. La coadjutrice quitta immédiatement le chœur et vint exprimer à l'interrupteur tout le mécontentement que causait à la communauté sa conduite aussi étrange qu'arbitraire.

Le curé de Marchal, mandé en toute hâte par ses pénitentes, se vit refuser l'entrée du couvent par le terrible directeur. Alors, exaspérée, Madelaine de La Salle écrivit à Mgr de Bonal la lettre suivante qui est un véritable cri de détresse, plein d'une douloureuse émotion.

« MONSEIGNEUR,

» Toujours importune et toujours de nouvelles crises. De-
» puis la lettre que j'ai eu l'honneur de vous écrire, ma tante
» et moi avons fait de nouvelles tentatives auprès de M. Bres-
» son pour pouvoir nous confesser à M. le curé de Marchal.
» Avant de le prier de venir, nous nous sommes assurées par
» deux fois de son consentement pour avoir M. le curé de
» Marchal. Il y a consenti, mais quelle a été notre surprise de
» ne pouvoir profiter des secours que venait nous donner M. le
» curé : M. Bresson avait pris la précaution de charger une
» personne de la maison d'avertir M. le curé de ne point nous
» confesser sans lui parler et la raison du refus, Monseigneur,
» le croirez-vous ? c'est que nous sommes excommuniées et
» qu'il faut que M. de Cîteaux nous retire de cette prétendue
» excommunication. Il tire sa raison de la patente que lui a
» donnée M. de Cîteaux et prétend que nous lui manquons

» d'obéissance, l'ayant fait prier de venir me parler, il m'a
» fait dire qu'il y avait deffense d'entrer dans les chambres
» et chez moi. Pour lors, plongée dans la plus grande tristesse,
» j'ai prié M. le curé de Marchal de lui demander sa patente
» pour voir d'où pouvait venir le motif d'excommunication. J'ai
» l'honneur, Monseigneur, de vous en faire passer une copie
» fidèle et en la lui fesant remettre, j'ai observé à M. le curé qu'il
» était lui-même dans le cas réservé d'avoir été contre les or-
» dres de M. de Cîteaux et contre mon consentement en allant
» journellement dans les chambres de certaines dames et elles
» chez lui et y prendre réciproquement des repas.

» Est-il tyrannie plus cruelle que celle de vouloir nous oter
» totalement les secours spirituels et est-il une injustice plus
» révoltante que celle de refuser à une religieuse de se con-
» fesser ?

» J'avoue, Monseigneur, que j'ai toujours eu du regret
» d'être venue à La Vassin, mais voilà des traitements à déses-
» pérer. De grâce, au nom de Dieu, Monseigneur, donnez-
» nous un confesseur de votre main et mettez, s'il vous plaît,
» fin à tant de maux. Vous me l'avez fait espérer, Monsei-
» gneur, et vous êtes trop juste pour nous abandonner. La
» gloire de Dieu et votre penchant vous y portent et m'enhar-
» dissent à vous importuner.

» Vous savez, Monseigneur, que presque toutes deman-
» dent la sortie de M. Bresson, à quelle noirceur s'est
» portée la cabale pour me perdre dans l'esprit de M. de Cî-
» teaux et les moyens d'éviter les réparations de restauration
» en voulant faire les affaires elles-mêmes et faire sortir le féo-
» diste ! Ciel ! vous êtes juste, vous connaissez mes intentions;
» si vous accordez un temps à la calomnie, vous l'accorderez
» bien à la vérité. Je l'attends, Monseigneur, de votre justice
» qui la saura bien démêler des sollicitations qu'on m'a dit
» qu'on vous faisait. Pardonnez à nos importunités, Monsei-
» gneur, mais vous voyez que nous ne pouvons rester dans
» cet état. Ayez la bonté de décider si nous sommes dans
» l'excommunication et la marche que nous devons tenir,

» Tirez-nous, au nom de Dieu, de cet état ; que votre crédit
» et votre justice éclatent en même temps.

» J'espère cette grâce comme celle de croire qu'on ne peut
» rien ajouter aux sentiments de respect avec lesquels j'ai
» l'honneur d'être,

> » Monseigneur,

>> » Votre très-humble et très-obéissante
>> » servante,

>> » Sœur de LA SALLE de ROCHEMAURE,

>>> » *Coadjutrice.* »

« Je prie M. le curé de Marchal de vous écrire cela. Ma
» tante a l'honneur, Monseigneur, de vous présenter son res-
» pect.

» Pardonnez-moi, Monseigneur, tous ces barbouillages de
» ma lettre et d'avoir emprunté des mains étrangères pour la
» copier, à cause d'un mal d'yeux occasionné par le chagrin
» et mes larmes (1). »

Voici la lettre que le curé de Marchal adressait en même
temps à Mgr de Bonal :

> « A Lavassin, le 20 novembre 1788.

> » Monseigneur,

. . . .

« Ces dames sont dans la plus grande inquiétude et dans
» un trouble qu'il me serait impossible de vous exprimer et
» qui a augmenté de beaucoup depuis votre visite.

» Presque toutes demandent la sortie du directeur comme
» celle de l'homme d'affaires.

---

(1) Archives du Puy-de-Dôme. — F^ds de l'Evêché, papiers de Bonal, l. n° 3.

» Vous leur rendrez un service essentiel si vous pouvez y
» établir le bon ordre. . . . .
» J'ai l'honneur d'être, etc.

» JULHIARD (1). »

Mgr de Bonal, estimant qu'il était temps de mettre un terme à ces querelles de cloître, prit en main la cause de la coadjutrice, et peu de temps après le chapelain Bresson quittait La Vassin où le remplaça M. Fayet, homme d'un caractère doux et conciliant, qui eut bientôt pacifié le monastère (2).

La vieille abbesse, Elisabeth de La Salle, s'étant vers le même temps démise de ses fonctions, sa nièce et coadjutrice reçut la crosse abbatiale (1789).

(1) Archives départementales. — F^ds de l'Evêché. Papiers de Bonal.

(2) Le régisseur du couvent, le sieur J.-B. Heyrauld, entièrement dévoué à la coadjutrice, ne fut pas renvoyé. Il avait conclu avec la communauté, le 25 février 1785, un marché aux termes duquel il devait entreprendre la rénovation des terriers, recouvrer les revenus, diriger toutes les affaires. Ce marché était fait pour 18 ans, au prix de 600^t par an.

En 1790, le sieur Heyrauld adressa aux administrateurs du district de Besse une demande en paiement de la somme de 5,675 fr. à lui due « pour arrérages » de traitement et fournitures faites. » Cette demande fut rejetée, faute de justifications, par décision du 28 février 1792.

Le sieur Heyrauld fut jusqu'à la fin le conseil et l'ami de madame Madelaine de La Salle. En 1792, il fait à Besse les démarches nécessaires pour le transfert du domicile de l'abbesse à Clermont. En 1803, il signe à la mairie de Clermont l'acte de décès de Marie de La Salle. En 1821, il assiste aux derniers moments de Madelaine de La Salle. Dans l'acte de décès de cette dernière qu'il signe encore comme témoin, il est qualifié de *Donat de Mulle*.

L'ancien régisseur de La Vassin était originaire du Crest et sans doute parent du fameux *rebouteur*, Robert Heyrauld, dont parle Legrand d'Aussy dans son *Voyage en Auvergne*, t. 5, p. 318.

XIII.

Nous sommes en **1789**. Depuis longtemps préparée dans les esprits et dans les mœurs, la Révolution va éclater ; l'antique société française, ébranlée sur sa base, s'écroulera avec fracas ; les institutions, les coutumes, les cultes, tout ce qui abritait le passé sera renversé sans pitié.

Dans la célèbre nuit du 4 août, la noblesse fait l'abandon de ses priviléges ; le clergé demande la suppression de la pluralité des bénéfices ; joignant l'exemple au précepte, de généreux ecclésiastiques, tels que le curé d'Egliseneuve-d'Entraigues, n'hésitent pas, aux acclamations enthousiastes de l'Assemblée, à renoncer à leur propre casuel (1).

Selon le mot de **M.** Mignet, les députés de tous ordres procèdent à l'envi à la Saint-Barthélemy des abus ; mais bientôt les chefs du mouvement, convaincus qu'ils possèdent en eux-mêmes assez d'énergie morale pour rejeter le fardeau des temps, tenteront de faire un monde nouveau sur un idéal nouveau.

Le **28** octobre 1789, la Constituante suspendit l'émission des vœux monastiques pour les deux sexes, et le **2** novembre

____

(1) L'abbé Mathias était curé d'Egliseneuve depuis le 15 juillet 1780. (Archives du Puy-de-Dôme. F^ds de l'Evêché, I. n° 3).

suivant tous les biens mobiliers et immobiliers des couvents furent mis à la disposition de la nation. Le 13 du même mois parut un décret qui ordonnait aux supérieurs des monastères de faire par devant les juges royaux et les officiers municipaux, dans le délai de deux mois, une déclaration détaillée de tous les biens meubles et immeubles et de tous les revenus dont jouissaient ces établissements, ainsi que de toutes les charges dont ils étaient grevés.

En exécution de ce décret, l'abbesse de La Vassin remit à la municipalité de Saint-Donat l'état des cens et rentes dus à l'abbaye par villages et hameaux, savoir : *La Grangette*, en argent 12ᵗ 11ˢ ; en avoine 7 septiers 1 carte ; *Palut*, 16ᵗ 13ˢ 11ᵈ, et 9 septiers et 1 carte d'avoine ; *Pauneix*, 14ᵗ 18ˢ 10ᵈ et 7 septiers d'avoine ; *Freydefont*, 13ᵗ 27ˢ 6ᵈ, 8 setiers d'avoine et 4 setiers de blé seigle ; *La Nugeyrolle*, 9ᵗ 15ˢ 6ᵈ ; *Saint-Donat*, 1ᵗ 14ˢ ; *Pratachy*, 1ᵗ 16ˢ ; *Tarteyroux*, 15ᵗ 5ˢ 9ᵈ ; *Les Auberts*, 4ᵗ ; *Gines*, 20ᵗ 18ˢ 6ᵈ, 4 setiers d'avoine et 2 setiers de seigle, mesure de Besse ; *Las Pruneyres*, 8ᵗ 18ˢ et 1 setier d'avoine ; *Le Mazet*, 4 sols, 5 coupes de seigle et 1 setier d'avoine ; *Picherande*, 12 sols ; la montagne de *Chaumeloux* 10ᵗ 19ˢ et 5 setiers d'avoine, mesure de Besse ; *La Baubie*, 9ᵗ 12ˢ 10ᵈ, 3 septiers et 1 quarte d'avoine ; *Chastreix*, 5ᵗ 16ˢ et 4 septiers d'avoine ; *Saint-Pardoux et Longechaux*, 2ᵗ ; *Chaumeloux*, paroisse de Bagnols, 3ᵗ 13ˢ et 2 septiers d'avoine ; *Brimassanges*, 14ᵗ 17ˢ ; *Gioux*, 11ᵗ 7ˢ 6ᵈ et 5 setiers d'avoine ; *La Bannut*, 20ˢ et 4 septiers de seigle, mesure de Tinières ; *Saint-Etienne-aux-Claux*, en Limousin, 4ᵗ ; *Verchales*, 6ᵗ 7ˢ 3 setiers 3 quartes de seigle, 3 setiers 3 quartes d'avoine, mesure de Saignes ; *Saint-Julien*, 2ᵗ 5ˢ 9 quartes de seigle et 9 quartes d'avoine, mesure d'Herment ; *Prady*, 7 quartons de froment, 6 quartons de seigle, 4 coupes d'avoine, mesure de Montaigut ; *Sauriers*, pour une fondation, 2 septiers de pamoule (1).

____

(1) Papiers de Madame Fonteille.

En outre, différents particuliers étaient débiteurs de rentes s'élevant ensemble à 596ᵗ, et enfin l'abbaye percevait des dîmes dans toute l'étendue de la paroisse de Riom-ès-Montagnes, aux quartiers de la Ribeyre, de Châteauneuf, de la Gane, des Quatre-Villages, à Rignac, à Journiac, à la Grange, etc., etc. (1).

Le 13 février 1790, les vœux religieux furent annulés ; dès lors, il ne dut plus y avoir en France ni moines, ni religieuses. Néanmoins, mue par un dernier sentiment de commisération, la Constituante voulut bien, en échange des richesses qu'elle prenait aux instituts monastiques, accorder à leurs membres de modestes pensions dont le paiement ne tarda pas à être suspendu.

Le 16 novembre 1790, les agents municipaux de Saint-Donat frappaient à la porte de l'abbaye de La Vassin. Introduits dans la salle de communauté, ils annoncèrent aux religieuses qu'ils venaient, conformément aux ordres transmis par les administrateurs du district de Besse, procéder à l'interrogatoire de chacune d'elles.

Interpellée la première, Elisabeth de La Salle, ancienne abbesse, déclara être âgée de 85 ans et avoir fait profession en 1723. Elle exprima l'intention, si on la contraignait à quitter la maison, de se retirer dans un autre couvent de son ordre.

On appela ensuite l'abbesse, Marie-Madeleine de La Salle, âgée de 53 ans, 34 ans de religion (professe depuis 1758), qui fit la même déclaration que sa tante Elisabeth.

Puis, ce fut successivement le tour de Marguerite Mallesaigne d'Anglaret, âgée de 80 ans, professe depuis 1728 ; de Marie de Chalus (63 ans, professe depuis 1751) ; de Marguerite Fayet-Tissonnière, âgée de 60 ans (entrée en religion

____

(1) Le détail de ces dimes se trouve dans un *acte d'estrousse* ou bail à ferme consenti à divers habitants de Riom, devant Armand, notaire, le 30 juillet 1772, par Marguerite Mallesaigne d'Anglaret, cellérière de l'abbaye. (Papiers Fonteille.)

en 1751); de Marguerite Fonteille-Vialle (40 ans, profession en 1767); de Marie Mestas-Mazières (40 ans, profession en 1769); de Françoise Burin des Rauziers (38 ans, professe depuis 1771); de Marie-Madelaine de La Roche des Angles, âgée de 39 ans, professe depuis 1784.

Ces neuf religieuses avec deux sœurs converses, composaient la communauté (1). Toutes protestèrent de leur attachement aux vœux qu'elles avaient prononcés et formulèrent le désir de rester et de vivre en société dans le monastère. Voici la déclaration de madame Fonteille qui est en tous points semblable aux déclarations des autres religieuses :

« Moi, sœur Marguerite Fonteille-Vialle, religieuse pro-
» fesse de l'abbaye de La Vassin, ordre de Cîteaux, dans le
» département du Puy-de-Dôme, pour me conformer au dé-
» cret de l'Assemblée nationale, en date du 25e jour de sep-
» tembre dernier, après avoir mûrement réfléchi sur les obli-
» gations que j'ai contractées en face des autels de remplir
» autant qu'il dépendrait de moi les devoirs auxquels je me
» suis engagée, j'opte de continuer dans la dite abbaye et d'y
» vivre, autant que ma santé me le permettra, dans l'exercice
» de mes devoirs, dans l'honnête liberté que j'y ai toujours
» jouie, que j'y serai accompagnée de mes consœurs et que la
» vétusté de notre maison me permettra d'y rester et que d'au-
» tres inconvénients ne s'y opposeront, sur lesquels je garde
» ma liberté pour aller où bon me semblera. La dite option
» ainsi faite avec les priviléges qui y sont attachés.

» A La Vassin, le 16 novembre 1790.

> » *Signé* : Sœur FONTEILLE-VIALLE, religieuse
> » professe. — CHASSARD, maire ; — Mos-
> » NIER, greffier. »

---

(1) Les deux sœurs converses étaient : Catherine Baraduc, âgée de 60 ans, entrée dans le couvent en 1750, et Catherine Julhiard, âgée de 46 ans, en religion depuis 1765. (Cette dernière était née le 5 juillet 1744 au Gillan-drioux, paroisse de Trémouille-Marchal. — Reg. des naiss. de Trémouille-Marchal.)

Le titre d'abbesse ayant été supprimé par l'Assemblée nationale, la communauté fut invitée, le 30 juin 1791, à procéder sous la surveillance d'un officier municipal, à l'élection d'une supérieure et d'une économe (1). Mesdames Madelaine de La Salle et Madelaine de La Roche furent désignées pour remplir ces fonctions qui devaient durer deux ans.

Le procès-verbal dressé les 28, 29 et 30 mars 1791 par les membres du conseil d'administration du district de Besse et contenant l'inventaire du mobilier de l'abbaye est une pièce importante qui nous donne d'intéressants détails sur l'état du couvent au moment de sa disparition. Voici la reproduction littérale de ce document que nous avons trouvé aux archives municipales de Besse (2).

« Aujourd'hui vingt-sept mars mil-sept-cent-quatre-vingt-onze, à neuf heures du matin, nous Michel Moulin, administrateur, et Joseph Cougoul, procureur sindic du district de Besse, assistés de François Besseire, secrétaire du district, commissaire nommé par délibération du Directoire du..... mars, présent mois, et par laquelle nous sommes chargés de nous rendre en la maison de la cy-devant abbaye de la Vassin, à l'effet, en conformitté de l'art. 12 du décret des 14 et 20 avril 1790, sanctionné le 22, et de l'art. 2 du titre 3 de la loy du 5 novembre en suivant et aussy conformément à la lettre du Directoire du département du 28 janvier dernier de recoller, en présence des officiers municipaux de la paroissse de Saint-Donat et des religieuzes, l'inventaire fait par les dits officiers municipaux le 11 juin 1790, de supléer aux omissions qui ont pû y être faittes, détailler ce qui est générique, distinguer provizoirement parmi les meubles de cette maison ceux qui sont propres aux d^{es} religieuzes et qui meublent leurs cellules ou l'apartement de la cidevant abesse, prendre le serment des

____

(1) Lettre de M. Cougoul, procureur-syndic du conseil d'administration du district de Besse, à la sœur Fonteille-Vialle. (*Papiers Fonteille.*)

(2) Une expédition se trouve aux Archives du Puy-de-Dôme. F^{ds} *Domaines nat. Di trict de Besse.*

d^{es} religieuzes pour s'assurer s'il a été commis des soustractions, faire voiturer aux archives du district les titres, papiers et autres objets qui doivent y être déposés, de charger les d^{es} religieuzes tant de ce qui est contenu au susd. inventaire que de qui le sera dans le procèz-verbal de recollement à dresser par nous commissaires et enfin de rendre compte de l'état de la maizon du dit Lavassin et du bâtiment de granges et écuries servantes à l'exploitation du domaine ; nous sommes transportés au dit lieu de la Vassin, où arrivés d'hier soir, avons ce dit jour procédés aux opérations qui suivent, en présence de Gabriel Chassard, maire, et de François Ladvie, procureur de la commune, de la dite municipalité de Saint-Donat, et aussy en présence de dames Marie-Magdeleine la Salle de Rochemaure, Elizabeth la Salle, Marguerite Malsaignes d'Anglaret, Marie de Chalut, Marguerite Fayet-Tissonnières, Marguerite Vialles-Fonteilles, Marie Mestat-Mazières, Marie-Magdeleine la Roche des Angles, religieuzes, Catherine Baraduc et Catherine Julhiard, converzes, après avoir fait lecture de la susd. délibération.

Pour le recolement duquel inventaire, voulant suivre l'ordre qui y est indiqué, nous avons été conduits dans un cabinet dépendant de l'apartement abatialle, dans lequel il a été fait ouverture d'une armoire à deux batants où sont déposés les chartes de lad. abaye, et duquel nous avons fait retirer les titres et papiers qui y sont renfermés et ensuitte aportés dans la chambre appelée des hôtes qui nous a été destinée, nous avons procédé au recolement et suplément d'inventaire d'iceux qui consiste tant en un terrier latin en parchemin, couvert de même, signé Redon-Chalin, de 1470, commençant par ces mots *in nomine Domini*, contenant soixante feuillets, au dernier duquel est le montant de différentes reconnaissances de cens, contenus au dit terrier, laquelle cottité est presque effacé et nous a paru l'etre pour cause de vétusté, lequel terrier a été cotté par Cougoul, l'un de nos commissaires, ce qui forme la première cotte, cy...................... *Première.*

Plus autre terrier en français, sur papier, en 1532, signé

Mathieu, à l'exception des trois dernières reconnaissances qui sont signées Juvien, le dit terrier couvert en peau noire, contenant d'abord quatre feuillets en blanc et quinze feuillets écrits, le premier feuillet commençant : *A tous ceux qui*, etc., lequel terrier a été cotté par cy................. *Deuzième*.

Plus un parchemin contenant une reconnoissance du moulin de Ginnes, du 28 janvier 1622, qui a été cotté par cy..................... *Troizième*.

Plus autre parchemin contenant une reconnoissance sur le ténement de Verchalles, du 28 novembre 1545, qui a été cotté par cy...................... *Quatrième*.

Plus un parchemin contenant transaction entre l'abesse de la Vassin et le commandeur de Tortebesse du 4 may 1518 (1), qui a été cotté par cy.................. *Cinquième*.

Plus un rouleau de parchemin contenant quatre feuilles et dans lequel se trouve un aveu et dénombrement des droits seigneuriaux de la d⁰ abaye commençant par ces mots : *Universis presentes* du 17 octobre 1470, qui a été cotté par cy   *Sixième*.

Plus autre rouleau de parchemin composé de deux feuilles, contenant une transaction passée entre les habitants de Riom-ès-Montagnes et l'abesse de Lavassin, de l'année 1531 qui a été cotté par cy...................... *Septième*.

Plus un jugement rendu au baillage de Latour, le 31 aoust 1604 entre l'abesse de la Vassin, Jean Chabaud et autres, relatif à la propriété du bois de Chaperouge, qui a été cotté par cy......................... *Huitième*.

(1) Nous espérions retrouver le double de cette transaction aux archives du Rhône où sont déposés les papiers de la commanderie de Tortebesse, mais la pièce est en déficit au fonds de cette commanderie ; cette seule mention existe sur l'inventaire général des titres du grand prieuré d'Auvergne, rédigé antérieurement à 1790 (Reg. II, fol. 269, n⁰ 16, année 1518) : « Accord passé » entre frère Rolland, d'une part, et l'abbesse de *la Vessi* et Pierre Corland, » d'autre part, de la paroisse de Saint-Jullien, au sujet des loods des tène-» mens de Lautaresse, le Chapsignol et les prés de la Gardette acquis par le » dit Cottand, par lequel lesdits commandeur et abbesse acquiescent à la » sentence du bailly de Montferrand. — Du 4 mai 1518. — Signé Mathieu. » (Archives du Rhône).

Plus un aveu et denombrement du d^{er} juillet 1541 auquel il manque le commencement, contenant dix feuillets dont neuf sont écrits, qui ont été cottés par cy...... *Neuvième.*

Plus un également de cens dus à la d. abaye du 15 juin 1519, contenant vingt-quatre feuillets qui a été cotté par cy......................... *Dixième.*

Plus autre également de cens de l'année 1658, contenant quarante-cinq feuillets, y compris la table, qui a été cotté par cy..................... *Onzième.*

Plus autre également des cens de lad^e abbaye contenant vingt-quatre feuillets dont le d^{er} est en blanc et sans datte, qui a été cotté par cy..................... *Douzième.*

Plus un registre contenant trente-sept feuillets dont le premier et le dernier sont en blanc et dans lequel sont raportés différents comptes de sasitaires depuis 1677 jusques et compris 1694, qui a été cotté par cy............... *Treizième.*

Plus une lieve en forme d'également de cens des années 1593 et 1594 contenant trente-sept feuillets, couvert en parchemin, qui a été cotté par cy......... *Quatorzième.*

Plus un reçu affirmé des dits cens des années 1692 et 1693, affirmé le 17 juin 1710, contenant onze feuillets et demi, y compris l'acte d'affirmation qui a été cotté par cy........................ *Quinzième.*

Plus une lieve et reçu des dits cens non signés qui commencent en 1744 et qui a été controllé le 15 janvier 1745, lequel a été cotté par cy.................... *Seizième.*

Plus autre lieve des dits cens qui commencent en l'année 1745, non signée et qui se termine par ces mots : fait par moy *Ligier Matran,* agen d'affaire, ce jour du mois d'avril 1751, qui a été cotté par cy................ *Dix-septième.*

Plus autre lieve des dits cens, non datée ny signée qui a été cottée par cy....................... *Dix-huitième.*

Plus autre lieve des dits cens, affirmé le 22 décembre 1712 par Verchalle, couverte d'un parchemin, qui a été cotté par cy............................ *Dix-neuvième.*

Plus autre lieve des cens dubs sur le village de Verchalle, en

deux cayers, non dattés ny signés, qui ont été cottés par
cy.. *Vingtième.*

Plus autre liève des cens de lad⁰ abbaye en quatre cayers
non dattés ny signés, cotté par cy........ *Vingt-unième.*

Plus une liasse contenant plusieurs foy et homages à laquelle
il a été ajouté un papier qui porte pour étiquet : liasse
concernaut les foy et homages, qui a été cotté par
cy.. *Vingt-deuxième.*

Plus une liasse de plusieurs actes relatifs à la propriété du domaine de Ginnes, cy................ *Vingt-troisième.*

Plus un sac dans lequel sont plusieurs actes concernant la
propriété du domaine de Pradi et Rignac. *Vingt-quatrième.*

Plus autre sac dans lequel sont plusieurs titres et papiers
concernant la propriété du domaine de Coudert, et qui a été
cotté par cy....................... *Vingt-cinquième.*

Plus un sac en cuir dans lequel sont plusieurs titres et papiers relatifs au domaine de Palut, qui a été cotté par
cy.. *Vingt-sixième.*

Plus autre sac dans lequel sont plusieurs papiers et titres
concernant le domaine de Chabannes, cy... *Vingt-septième.*

Plus autre sac dans lequel sont plusieurs titres relatifs au domaine de Vigier ci.................... *Vingt-huitième.*

Plus autre liasse de titres concernant le domaine de *Péran*,
qui a été cottée par cy.............. *Vingt-neuvième.*

Plus une liasse en laquelle sont plusieurs actes et sur laquelle
il y a une étiquet portant ces mots : Procez verbaux des incen-
dies des années 1622 et 1631, qui a été cotté par
cy.. *Trentième.*

Plus autre liasse dans laquelle sont plusieurs actes étiquetés
sous ces mots : Nomination de la cure de Riom-ez-Montagnes,
qui a été cotté par cy............... *Trente-unième.*

Plus autre liasse dans laquelle sont deux actes des 28 février
1765 et 20 décembre 1768, relatifs à la portion congrue du
curé de Riom-ez-Montagnes et des novalles de la paroisse,
cy.. *Trente-deuxième.*

Plus autre liasse dans laquelle sont plusieurs actes sur laquelle il y a un étiquet ainsi conçu : liasse contenant limittes de dixmes entre l'abaye de la Vassin et le curé de Coulanges, qui a été cotté par cy trente-troizième, cy.　　*Trente-troizième.*

Plus un acte contenant la dixme de la Cretière et de la Grange, de l'année 1541, qui a été cotté par cy..　　*Trente-quatrième.*

Plus une procédure pour dixmes contre les hauts de Riom-es-Montagnes, ayant un étiquet conforme, qui a été cotté par cy.............................　　*Trente-cinquième.*

Plus une expédition d'échange entre le sieur Arnaud et les religieuzes de Lavassin, du 30 septembre 1777 qui a été cotté par cy.....................　　*Trente-sixième.*

Plus une procédure pour dixmes tenue entre le nommé Chauvelles, qui a un étiquet conforme, qui a été cotté par cy.............................　　*Trente-septième.*

Plus une liasse de plusieurs étrousses ou adjudications de dixmes dans la p^sse de Riom-es-Montagnes, cy.　　*Trente-huitième.*

Plus autre liasse contenant aussy plusieurs actes d'etrousses pour la mesme dixme, cy............　　*Trente-neuvième.*

Plus autre liasse dans laquelle sont différentes procédures pour radiation de cottes, qui a été cotté par cy.　　*Quarantième.*

Plus autre liasse contenant différantes procédures relatives à la dixme de Riom-ès-Montagnes, qui a été cotté par cy.............................　　*Quarante-unième.*

Plus autre liasse de procédures anciennes, cy.......................　　*Quarante-deuxième.*

Plus autre liasse contenant plusieurs titres et actes relatifs à la proprietté de la montagne Chomilou, dépendant de lad^e abaye, qui a été cotté par cy.......　　*Quarante-troizième.*

Plus autre liasse dans laquelle sont plusieurs procédures concernant des demandes en payement de cens, cy.......................　　*Quarante-quatrième.*

Plus une autre liasse contenant des procédures tendantes à payement de cens, différents mémoires et quittances, qui a été cottée par cy.................　　*Quarante-cinquième.*

Plus autre liasse contenant plusieurs procédures, pièces et titres très-anciens qui peuvent être considérés comme inutiles, ayant un étiquet conforme, qui a été cotté par cy . . . . *Quarante-sixième.*

Plus autre liasse contenant une procédure contre le nommé Mouty et autres, deux transactions dont l'une avec le curé de Creste et l'autre relative au moulin de Gagne..... qui a été cottée par cy . . . . *Quarante-septième.*

Plus autre liasse contenant plusieurs anciens baux afferme, ayant un étiquet conforme qui a été cotté par cy. . . . . *Quarante-huitième.*

Plus autre liasse contenant différents actes de noviciats, professions et prises de possessions de plusieurs abesses de l'abaye du dit Lavassin, ayant un etiquet conforme, qui a été cotté cy. . . . . *Quarante-neuvième.*

Plus plusieurs actes et pièces relatives à la directe de St-Etienne-au-Clos, avec un état des anciens arrérages dûs par les censitaires d'icelles, ayant un etiquet conforme, qui a été cotté par cinquantième, cy. . . . . *Cinquantième.*

Plus autre liasse contenant quittance et remboursement d'une rente due à l'abaye de Ste-Claire et plusieurs quittances de cens, de décimes et de portion congrüe du curé de Riom-ès-Montagnes, ayant un etiquet conforme qui a été cotté par cy. . . . . *Cinquante-unième.*

Plus un plan géométrique de la forêt de Chaperouge, fait par le sieur Rivat, arpenteur de la maîtrize des eaux et forêts de St-Flour, ayant un etiquet conforme, qui a été cotté par cy. . . . . *Cinquante-deuxième* (1).

Les susdits titres, actes, pièces et procédures composant tous les papiers qui se sont trouvés dans la susdite armoire et dans lesquels sont compris leurs énoncés en l'inventaire du dit jour 11 juin 1790, les dites dames religieuzes nous ont répétées la

---

(1) Toutes ces pièces furent transportées à Besse, au greffe du district. Elles ont presqu'entièrement disparu. Nous avons retrouvé épars dans les greniers de la mairie de Besse les quelques titres utilisés dans ce travail.

déclaration qu'elles ont déjà faittes dans le dit inventaire, qu'il existe chez M. Peyrard, procureur en la cy-devant sénéchaussée de Clermont, et Me Poriquet, procureur au cy-devant parlement de Paris, plusieurs aveus et dénombrements, ainsy que différentes liéves de cens et ont ajoutés que le tout se trouve engagé chez ces deux procureurs avec les pièces de plusieurs procèz ou instances dans lesquelles ils ont occupés dans lad. abaye.

Sur la demande que nous comissaires avons faitte aux d^{es} religieuzes de nous représenter les registres et comptes de régie qu'elles ont dub tenir, la d^e dame Marie-Magdelaine la Salle de Rochemaure a répondu qu'il n'y avait qu'un seul registre et compte de régie qui est actuellement chez Me Bergier, homme de loy à Clermont, chargé de rédiger un mémoire pour elle à l'effet d'être remboursé d'une somme de six mille quarante-deux livres deux sols par elle prétendue avancée lors de son entrée dans la d^e maizon et seulement reconnue par sa communauté luy être due, en mil-sept-cent-quatre-vingt-six, et que, dès qu'elle pourra se le procurer, elle s'engage de le faire passer au directoire du district, pour être déposé dans ses archives. Avons pareillement demandé à la d^e dame cy-devant abesse de nous représenter les inventaires qui ont été ou dubs etre faits dans la d^e maizon, soit lors de sa mize en possession, soit au décez de celles qui l'ont précédés dans l'administration de la d^e maizon, laquelle dame a répondu qu'il n'en existe aucun.

Les livres formant la bibliothèque des d^{es} dames religieuzes étant dans l'armoire qui servoit de chartrier, nous les avons fait apporter dans notre chambre, et les ayant comptés ils se sont trouvés au nombre de cent douze, dans le nombre desquels il y en a trente-huit qui sont des bréviaires et une vie des saints dans le plus mauvais état, à cause de leur ancienneté, ce qui nous les a fait mettre au rebut, comme n'étant d'aucune valeur, et quant aux autres soixante et quatorze, ils sont intitulés, savoir le premier : *Conduitte spirituelle pour les personnes qui veulent entrer en retraitte; etc. etc. (1).*

Et attendu qu'il est l'heure de huit du soir, avons renvoyés la continuation de notre procèz-verbal à demain, et nous comissaires avons signés avec notre secrétaire.

Signé : Moulin, Cougoul, p. s., Besseire, secrétaire.

« Aujourd'huy vingt-huit mars, heure de huit du matin, nous commissaires susdits, assistés comme dessus, procédant à la continuation de nos opérations, sommes entrés dans le cabinet où étoit le chartrier et la bibliothèque, en présence des officiers municipaux et des dames religieuses dénommées aux présentes et y avons trouvés les meubles dont le détail suit : un lit garni de six pentes et rideaux en serge rouge..... un petit armoire en forme de buffet à quatre batants, quatre petits armoires en placards à un batant chacun, l'armoire qui contenait les chartes et bibliothèques, placé à coté, dans lesquelles armoires il ne s'est trouvé aucun meuble, cinq fauteuils dont quatre en tapisserie et le cinquième à bras d'étoffe verte; un grand armoire à deux batants bois de sapin dans lequel il s'est trouvé plusieurs meubles réclamés par la d⁰ dame Elizabeth la Salle comme à elle appartenant et que nous avons reconnus être à son usage personnel.

» Sommes ensuite passés dans la chambre à cotté et dans laquelle nous avons trouvé deux lits garnis de leurs pentes et rideaux d'étoffe verte... une pendule, sept fauteuils en tapisserie, sept chaizes en paille, une tapisserie qui entoure cet appartement, quatre tableaux, dont l'un à cadre doré, de la famille Curton-Chabannes, un bureau ayant six tiroirs, une table couverte d'un tapis.

» Sortis de cette chambre et entrés dans un salon a cotté, il s'y est trouvé une table en long à contenir environ quatorze

(1) Tous ces livres sont des ouvrages de piété dont l'énumération ne présente aucun intérêt.

couverts suportée par deux traitteaux, quatorze chaizes, une autre table à huit couverts, un tableau encadré dans le boizement audessus de la cheminée, représentant le mystère de l'Annonciation; un petit bufet à deux batants, dans l'embrasure de la fenettre. A cotté du dit salon est un petit cabinet dans lequel il y a un mauvais lit pour domestique, garni d'un seul rideau vert... une très-petite table dans l'embrasure de la fenettre.

» Sommes ensuite passés dans un antichambre dans lequel il y a trois armoires dont un à quatre batants, dans lequel sont des meubles déclarés etre à l'uzage de la nommée Françoise, domestique de la d^e dame cy-devant abesse, lequel armoire a été par elle déclaré avoir été donné à cette domestique depuis plusieurs années, plus autres deux armoires, dont une à quatre batants et l'autre à deux, dans lesquelles il s'est trouvé quatre-vingt-quatre draps de lit, quinze douzaines de serviettes et 30 napes, formant la même quantité de linge énoncée en l'inventaire du dit jour onze juin 1790, et en outre huit couverts et deux ceuillères à ragouts, le tout en argent et très-uzé.

» Lesquelles quatre pièces sont dénommées appartement abbatial.

» Au-dessus de cet appartement sont deux greniers dans lesquels nous sommes montés et avons trouvés quatre outres dont deux pour l'huile et deux pour le vin, quatre arrosoirs en fer blanc.....

» Descendus de ces greniers et arrivés dans la chambre apelée des hôtes, nous y avons trouvés deux lits garnis de leurs pentes et rideaux formés en partie de tapisseries, le tout avec des glans et le surplus des rideaux ainsy que l'intérieur d'étoffe verte... dix-huit vieulx fauteuils en tapisserie dont un à bras, et un petit armoire à un batant, une petite table bois de chesne couverte d'un tapis verd... ladite chambre garnie de tapisseries très-anciennes et mauvaizes ; un grand tableau à paysage noirci par là fumée et pellé en plusieurs endroits...

» Sommes ensuitte passés dans la chambre appellée du directeur, où avons trouvés un lit dans une alcove, garny de ses pentes et rideaux... une armoire en placard à quatre battants et une autre à deux batants, touttes aux deux cottés de la cheminée, dans lesquelles armoires sont les meubles, linges et autres effets appartenant au sieur Fayet, directeur de la d⁰ abaye, un fauteuil en tapisserie à bras, sept chaizes en paille, une petite table.

» De suitte nous sommes transportés dans la chambre occupée par la d⁰ Magdelaine-Marie la Salle Rochemaure où nous avons trouvés dans une alcove un lit avec deux matelas... deux tabourets, une table couverte d'un tapis, huit chaises en paille dont une à bras, un fauteuil à bras en cotonade, avec son coussin, une commode, une petite cassette en forme de secrétaire, un écran, une armoire à quatre batants en placard, une autre armoire à trois batants avec un tiroir, une autre armoire à deux batants en forme de bibliothèque, au bas duquel sont quatre tiroirs. Plus sur les boizements de la d⁰ chambre un tableau à portrait, un autre qui représente le roi, plus un petit dézert à cadre doré, un autre petit tableau dans un semblable cadre, représentant l'image de la Vierge, plus un crucifix de cuivre monté sur bois, un trumeau fixé contre la cheminée, une pelle, une pincette et deux chenets.

» A côté du lit de la d⁰ dame sont deux petits cabinets dans l'un desquels s'est trouvé un lit à sangles que la d⁰ dame nous a dit etre à l'uzage de sa domestique, plus une grande malle que la d⁰ dame nous a dit luy appartenir...

» Nous sommes ensuitte transportés dans la chambre occupée par les dames Challut et Vialle-Fonteilles, où il y a deux lits à l'uzage des dittes deux dames, deux armoires, etc.

» De suitte nous sommes transportés dans une chambre occupée par la dame la Roche des Angles, dans laquelle il y a deux lits, dont l'un est personnel à la d⁰ dame, rideaux et pentes en étoffe verte, et l'autre garny de pentes et rideaux d'étoffe rouge... un petit armoire, une petite table avec deux tiroirs, six chaizes en bois dont l'une à bras, un mauvais fauteuil...

» Sommes ensuite montés dans la chambre occupée par les dames Fayet-Tissonières et Burin-Dérosiers, dans laquelle il y a trois lits ; le premier en entrant, à main droitte, est à l'usage de la d° dame Fayet, pentes et rideaux rouges; le second, placé à cotté du feu, appartient à la d° dame Burin-Derosiers et est garny de ses pentes et rideaux d'étoffe verte; le troisième placé dans le milieu de la d° chambre est composé de ses pentes et rideaux d'étoffe bleu... Une armoire à quatre batans, une autre petite armoire à un batant, plus un troizième armoire en forme de buffet à deux battants dans l'embrazure de la croizée ; une table couverte d'un mauvais tapis, six chaizes en bois dont deux à bras.

» A côté de cette chambre est un petit cabinet où s'est trouvé deux armoires et un troizième en forme de buffet dans l'embrasure de la croizée, dans lesquels il s'est trouvé des meubles à l'uzage personel et journalier de la d° dame Burin-Deroziers, une table et quatre chaizes.

» Descendus ensuitte dans la chambre occupée par Catherine Julhiard, sœur converse, dans laquelle nous avons trouvés trois lits dont l'un près de la porte en entrant à main droitte appartient à la d° sœur Julhiard, avec pentes et rideaux couleur prune, un autre avec pentes, franges et rideaux d'étoffe couleur noizette ; le troizième est garni de ses pentes et rideaux d'étoffe jaune, trois armoires, plus un petit à deux batans dans l'embrasure de la croizée, une petite table, un mauvais fauteuil à bras et trois mauvaises chaizes en paille.

» Sommes ensuitte passés dans la chambre occupée par les dames d'Anglaret et Mestat-Mazières dans laquelle il y a deux lits à l'uzage des dites dames; une armoire à deux batants, une autre petite armoire en forme de buffet, quatre chaizes de bois.

» A cotté de la d° chambre est un petit cabinet...

» Sommes ensuitte transportés dans la chambre occupée par Catherine Baraduc, sœur converse , dans laquelle il s'est trouvé un lit, une armoire en sapin à deux batants, deux mauvaises chaizes en paille. ..

» Nous sommes de suitte rendus dans une des cellules qui étoit occupée par madame du Sauzet, décédée religieuze de cette communauté, dans laquelle cellule avons trouvés deux armoires à deux battans, un vieux petit buffet, deux mauvaises chaizes, un fauteuil à bras rembourré et couvert en étoffe, une table en guéridon, trois petits tableaux, un lit avec ses pentes et rideaux étoffe de ménage couleur bleue...

» De là, sommes montés dans le grenier, au-dessus de l'apartement de la cy-devant abesse, dans lequel avons trouvés une chaize neuve, cinq matelas, etc... le tout à l'usage des domestiques de la maizon...

» De suitte sommes entrés dans un grenier destiné à tenir les grains, où avons trouvés deux cartons dont un mesure de Latour, et l'autre mesure de Bord, en bon état... Et enfin sommes entrés dans un autre charnier au rez-de-chaussée, dépendant de l'apartement abatial, dans lequel un grand saloir en bois, un grand bac de pierre avec son couvercle en planche...

» Et attendu qu'il est plus de sept heures du soir, la continuation des opérations dont il s'agit a été renvoyée à demain...

» Et le vingt-neuf mars, heure de huit du matin, nous commissaires susdits, assistés comme cy-devant, en continuant nos opérations, nous sommes transportés dans la boulangerie ou four dépendant de cette maizon où nous avons trouvés un moulin neuf et bien conditioné propre à passer la farine, une grande huche ou maye à pétrir, une pelle en bois pour le four...

» De là sommes passés dans une cuisine voûtée, au rez-de-chaussée, où sont trois bois de lit, une beignoire en bois, deux mauvais coffres...

» De suitte, sommes entrés dans la boucherie où avons trouvés deux bancs, un soufflet, une petite fourche, deux grands crochets en fer attenants à la voûte de la boucherie...

» Nous avons trouvés dans une des caves de la d^e maizon douze tonneaux reliés en bois, à tenir environ vingt à vingt-quatre pots chacun, plus une autre beignoir en bois, trois petites bacholles... Il nous a été déclaré que le vin qui s'est trouvé dans un des dits tonneaux apartient à la d^e dame de la Salle, abesse.

» Etant entrés dans un petit cabinet appellé la dépense, il s'y est trouvé une armoire à deux portes, cinq petits *melards* et un crochet en fer vulgairement appelé *romaine*.

» De là, étant parvenus à un réfectoire, y avons trouvés quatre tables longues, trois petites armoires, huit mauvaizes chaizes et un ouvrage en deux tomes in-folio, intitulé *la vie des saints*, lesquels deux livres sont les seuls effets qui se soient trouvés dans les d^{es} armoires.

» De suitte, nous sommes transportés dans une grande cuizine au-dessous de la chambre appelée des hôtes, où nous avons trouvés quatre marmittes en fer de moyenne grandeur dont une est actuellement au pouvoir des religieuzes qui ont déclarées vouloir mener une vie commune, plus quatorze casserolles et quatre couverts en fer blanc battu, trois poelons en cuivre, quatre écuelles d'étaing, une poissonnière en cuivre... deux brasières ou cloches en fonte, deux grandes poëles à frire dont une sert aux d^{es} dames religieuzes qui ont déclaré vivre en commun, trois fours de campagne en cuivre, *une plaque en fonte pour faire des beignets de bled noir*, une pinte et une chopine d'étain, deux tables dont l'une longue et l'autre quarrée... trois crémalières soutenues par une grosse barre de fer, deux grands chenets, une broche en fer, plus, dans un petit cabinet à cotté de la d^e cuizine, deux mauvais lits... plus cinquante-quatre assiettes, cinq saladiers, huit plats longs, trois ronds festonnés, le tout en fayance, plus trois tasses à café, communes, trois caraffes, vingt-sept verres, cinq plats, une écuelle, deux cuilliers, un gobelet, le tout en étaing et très-uzé, pesant dix livres, *plus un plat en fayance vernissé représentant un serpent, un lézard, des coquilages et des fleurs.*

» Voulant aussy constater l'état des batiments, nous sommes transportés dans celuy de la boulangerie attenant à la première cour de la d^e maizon et dans lequel nous avons reconnus que le cerceau de la voute est lézardé... et les murs extérieurs doivent être en majeure partie recrepis.

» Sommes ensuitte passés dans un bâtiment à cotté et 1° dans la partie appelée la boucherie et ensuitte dans celle destinée au volalier, où nous avons reconnus que la voutte ainsy que les murs tant dans l'intérieur qu'à l'extérieur doivent aussy etre recrepis.

» Sommes entrés dans le jardin, à l'aspect du mydy. où nous avons apperçus que trois toizes du mur servant de soutennement au dit jardin doivent être reconstruittes.

» Nous sommes aussy transportés aux bâtimens de granges et écuries... la couverture de la grange étant en mauvais état, il doit y etre posé six cent gluys de paille ou environ.

» A ce batiment de grange en a été nouvellement ajoutté une autre pour servir de volalier et de loges à cochon, dans lequel bâtiment il a été pratiqué six portes, trois grandes fenettres et six petittes, dans le nombre desquelles portes il n'en existe actuellement que cinq sans ferrements. Il nous a été à cet égard observé que les autres avaient été volés et ce rapport semble méritter d'autant plus de confiance qu'il nous a paru qu'il a été fait des bris et fractures pour enlever des ferrements dans quelques montants des dites portes et fenêtres. Le plancher qui doit être fait dans ce batiment n'est pas encore fait, il s'y trouve seulement une douzaine de planches.

» Nous sommes ensuitte transportés dans le moulin farinier qui est dans le plus mauvais état...

» Passés ensuitte au moulin à foulon... le couvert en mauvaizes planches doit etre renouvelé en paille...

» Avons vérifié ensuitte le canal qui conduit l'eau aux moulins à bled, à scie et à foulon....

» Rentrés dans la maizon et vérification faitte de l'état d'icelle, nous avons reconnus que les toits tant de la d^e maizon que de l'église sont en partie deffectueux et absolument mau-

vais dans d'autre; que pour les mettre en bon état, il est nécessaire d'en renouveller les deux tiers ou environ , et nous
avons particulièrement observé que la couverture de l'apartement abatial dont les trois quarts sont mauvais, qu'il en est de
même de celle des cellules des dames d'Anglaret, Vialle et la
Roche, et que celle qui couvre l'églize peut leur etre assimilée;
que les planchers supérieurs de l'apartement abatial ne valent
rien et doivent etre refaits, ainsy que le plancher inférieur de la
pièce de cet apartement; que les bois des croizées étant pourris
et vermoulus, tant de l'apartement abatial que des corridors
qui y conduizent doivent être renouvellés , que les bois des
corridors et battants doivent aussy etre renouvellés à neuf; que
la croizée qui était occupée par la dame du Sauzet est pourrie
et doit etre refaitte, que les séparations en planches dans la d⁰
maizon sont très-anciennes en grande partie et qu'elles néces-
sitent un renouvellement; que les planchers supérieurs et infé-
rieurs de la chambre appellée des hotes sont mauvais et doivent aussy etre refaits, ainsi que les deux croizées des petits
cabinets y attenants...

» De suitte , nous sommes descendus dans la cave située
au-dessous de la cellule de la dame Vialle, où étant nous avons
trouvés un tonneau d'environ huit pots et deux petits barils,
un coffre et une petite buche, quatre buis , ces trois derniers
objets ont été déclarés appartenir à la d⁰ dame Vialle.

» Sommes ensuitte montés au clocher où nous avons trouvés deux petittes cloches (1).

» Avons examinés les murs extérieurs de la d⁰ maizon;
vérification faitte d'iceux , il en résulte que ceux qui sont à
l'aspect de bize menacent ruine pour cause de vétusté, qu'il y
a des lézardes, qu'il y en a une partie surplombée et qu'au
surplus les dits murs en totalité sont décharnés et doivent etre
recrepis.

» Et attendu qu'il est l'heure de sept du soir, avons renvoyé la continuation de nos séances à demain.

____

(1) L'une de ces cloches se trouve actuellement à l'église de St-Donat.

» Le trente mars, heure de huit du matin, nous commissaires susdits, assistés comme dessus, reprenant la continuation de nos opérations, nous sommes transportés dans la sacristie où en vérifiant tous les objets énoncéz dans l'inventaire du dit jour onze juin 1790 et qui sont relatifs au culte, nous avons reconnus qu'ils sont les mêmes, mais que dans leur nombre, un calice avec sa patène, un plat, deux burettes, une boette et une croix, le tout en argent, deviennent inutiles pour le service de l'églize de la de abbaye, et comme le monastère de la Vassin est izolée, se trouve situé dans un bassin entourré de montagnes et de bois, nous dits commissaires avons pensés qu'il était prudent de faire déposer aux archives du district les objets ci-dessus inutiles au culte; en conséquence nous les avons faits enfermer dans une boette, sur laquelle nous avons aposés un scellé pour etre la de boette ainsy que les titres, papiers et titres inventoriés portés aux archives du district, le tout quoy sera voituré en notre présence, et pour ensuitte les dits effets en argenterie enfermés dans la cassette, etre envoyés d'après les ordres qui seront donnés au directoire du district, soit par l'assemblée nationalle, soit par le directoire du département, au lieu qui sera indiqué. Observons que les tableaux qui sont contenus tant au susd. inventaire que dans celui de la municipalité ne nous paraissent pas assez conséquents pour méritter leur dépot aux archives du district.

» Poursuivant ensuitte l'inventaire du dit jour 11 juin 1790, nous sommes de nouveau transportés dans l'écurie au-dessous de la grange, dans lequel nous avons trouvés la jument y mentionnée, qui est hors d'âge, poil baye et qui nous a parue maigre par mauvaize tenue, laquelle nous avons présentement remize à Jean Monier, l'un des fermiers du dit Lavassin, pour par luy la garder et en prendre soin, jusqu'à ce qu'il sera requis de la représenter, lequel dit Monier s'en est chargé.

» ...Requises les dames religieuzes d'affirmer par devant nous qu'il n'a été fait aucune soustraction du mobilier de la de abbaye, elles ont la main levée à Dieu affirmés qu'elles n'ont faittes aucune soustraction, qu'il est de leur connaissance qu'il a été volé, mais sans savoir par qui, certains objets en fer, en cuivre et en linge, mais qui sont cependant de peu de conséquence.

» De tous lesquels meubles compris aux présentes ainsy que de ceux portés en l'inventaire du 11 juin 1790, autres que ceux qui sont dans les celulles de chaque religieuze, dans leur grenier ou cave, la dite dame La Salle de Rochemaure s'est chargée pour le représenter, lorsqu'elle en sera requize, et à l'exception aussy de ce qui meuble l'églize ou la sacristie dont la ditte dame Vialle-Fonteilles s'est chargée pour le représenter à la première réquizition.

» Dont et de tout quoy avons dressés le présent procèz verbal, que nous avons clos le dit jour trente mars, mil-sept-cent-quatre-vingt-onze. Nous avons signés avec les maire, procureur de la commune et greffier de la municipalité du dit St-Donat et aussy avec les d[es] dames religieuzes, à l'exception de la sœur Baraduc qui a déclaré ne scavoir signer.

Signé : MOULIN, — COUGOUL, p. s. — CHASSARD, mayre, — LADVIE, procureur, — MOSNIER, greffier.

S[r] DE LA SALLE DE ROCHEMAURE, religieuse ; — S[r] DE LASSALE ; — Sr TISSONIÈRE, économe ; — S[r] DE MALLESAGNE D'ANGLARES, — S[r] DE LA ROCHE, — S[r] DE CHALUS, — Sr FONTEILLES-VIALLE, — Sr MESTAS, — Sr JUILLARD, — BESSEIRE, secrétaire (1). »

On commença peu de temps après à procéder à la vente des biens de l'abbaye, en exécution de l'art. 5 de la loi du 15 décembre 1790.

Le 18 avril 1791, le domaine de Chabannes estimé 6,996[#],

___

(1) Cette pièce n'est pas signée par Mad[e] Burin des Rauziers qui, pour causé de santé, avait quitté l'abbaye dans le courant de l'année 1790 et s'était retirée à St-Sauves. Cette religieuse revint à La Vassin l'année suivante, car nous la voyons figurer sur les états de présence fournis au directoire du district, pour le paiement des pensions du trimestre de janvier 1791.

d'après le procès-verbal de l'expert, fut adjugé au sieur Laurent-Marcellin Burin-Desrauziers, moyennant le prix de 11,240ᵗ.

Le même jour, le sieur Pierre Bernard, de l'Espinassade, se rendit acquéreur du domaine de Gines, pour la somme de 24,500ᵗ.

Enfin, le 6 juin suivant, le domaine de Vigier, commune de Chastreix, fut vendu à Michel Moulin, de La Tour, moyennant 49,000ᵗ, sur une mise à prix de 38,892ᵗ (1).

Les lois des 20 février et 14 octobre 1790 avaient décidé qu'un traitement annuel, variant suivant l'âge et la condition des religieux et religieuses, serait payé à ceux qui déclareraient vouloir continuer la vie commune. Chacune des dames professes de Lavassin recevait en conséquence la somme de 175 livres par trimestre, l'abbesse 250 livres et la sœur converse qui était restée, Catherine Julhiard, 87 livres 10 sols.

Les paiements étaient effectués par le receveur du district entre les mains de la sœur économe du couvent. Une lettre du procureur syndic du directoire de Besse, en date du 30 juin 1791, adressée à Mᵐᵉ Fonteille-Vialle, prescrit aux religieuses de se conformer aux règlements concernant la matière: « Jusqu'à présent on avait souffert que les quittances fussent » fournies par deux économes (2), mais comme cette pratique » n'a été tolérée que pour le moment et en attendant que » celles des dames qui étaient encore indécises sur l'option » qui leur étaient laissé par les décrets prissent un parti, il » faut aujourd'huy que les religieuses de la maison de Lavas- » sin nomment entr'elles au scrutin et à la pluralité absolue » des suffrages, dans une assemblée qui sera présidée par un » officier municipal prévenu à cet effet, une *supérieure* et » une *économe*, dont les fonctions doivent durer deux années,

(1) Archives déples. Invent. des ventes natles du district de Besse.
(2) L'une de ces économes était Madᵉ Fonteille, depuis le 27 mars 1791.

» sauf à être continuées. Lorsque la communauté aura mis la
» loi à exécution, elle fera parvenir un procès-verbal en forme
» qui constatera la nomination et en enverra le projet de quit-
» tance qui paraîtra convenable (1). »

Nous avons dit plus haut que la supérieure et l'économe
élues furent mesdames Madelaine de La Salle et Madelaine de
la Roche.

Les décrets du 19 mars et du 8 octobre 1790 avaient
statué que les membres des corporations religieuses qui ne
voudraient point profiter de la rupture de leurs vœux pour
rentrer dans le monde, pourraient se retirer dans des maisons
déterminées ayant pour toutes dépendances un jardin de six
arpents.

Les religieuses de Lavassin firent des démarches pour rester dans leur maison. Le 27 mars 1792, M. Cougoul, procureur syndic, écrivait à Mme Fonteille :

« M. Burin-Dayssard, membre de ce directoire, viendra
» sous peu de jours vous fixer l'étendue de votre enclos,
» conformément à une lettre du département du Puy-de-
» Dôme qui nous a été adressée dans le tems. Les réparations
» locatives resteront à la charge des religieuses (2). »

M. Michel Burin fut, en effet, par délibération des membres
du directoire de Besse, le 28 mars 1792, chargé de procéder
à l'estimation des biens de Lavassin (3). Ce commissaire se
transporta sur les lieux le 15 avril 1792 et après avoir mesuré
six arpents de pré, dépendant de la *Grande Prade*, pour
servir d'enclos aux religieuses, il dressa les 15, 16, 19 avril
et 5 mai 1792, ses procès-verbaux d'expertise (4).

Le 21 septembre 1792, la Convention abolit la royauté. La
France ne tarda pas à devenir le théâtre des plus tristes fu-

---

(1) Papiers de Mme Fonteille.
(2) Papiers de Mme Fonteille.
(3) Archives de Besse, *Extrait des actes délibératifs du directoire du district.*
(4) Archives dép^{les}. District de Besse. — Domaines, liasse 33.

reurs politiques; le pillage s'organisa, la dévastation envahit les temples et les cloîtres.

Le 27 septembre, les dames de La Vassin déclarèrent aux administrateurs du district de Besse venus à l'abbaye pour faire le recolement des inventaires du 11 juin 1790 et du 28 mars 1791, qu'elles n'étaient plus en sûreté dans la maison où des vols continuels étaient commis par des inconnus (1).

En présence de cette dilapidation, les membres du directoire se décidèrent à hâter la vente du mobilier du couvent et les 1er, 2 et 3 octobre 1792 on procéda à l'adjudication.

Le prix total s'éleva à 1,723ᶠ 11ˢ, mais déduction faite des frais de nourriture pour le commissaire chargé de la vente, pour les gardes nationaux de Saint-Donat et les gendarmes de Besse et de Tauves qui restèrent sur les lieux pour maintenir l'ordre, il resta net la somme de 1,357 livres.

L'horloge que le citoyen Bailly, horloger, passa plusieurs journées à démonter, fut adjugée pour le prix de 390 livres au sʳ Cougoul, jeune, secrétaire, et au sʳ Gachet, chef de bureau du district (2).

L'argenterie et les objets de cuivre ne furent pas livrés aux enchères mais envoyés au chef-lieu du département pour être transformés en monnaie et en canons (3).

Enfin, le 31 décembre 1792, le sieur François Besson,

---

(1) Archives dép. District de Besse, Domaines, l. 27. — Il n'y avait plus à La Vassin, à la fin de septembre 1792, que trois religieuses: Mesdames Burin-des-Rauziers, de la Roche et Fonteille.

(2) Archives dép. D. de Besse, dom. l. 27.

(3) Les états du linge et des ornements de l'église, de l'argenterie et des objets de cuivre furent dressés le 1er novembre 1792. Parmi les ornements on distingue: « vingt-deux petites nappes pour les deux autels collatéraux du » maître-autel. » Ce maître-autel est aujourd'hui celui de l'église de Saint-Donat. Il porte sur son retable les armes de la maison de Chabannes.

Saint Sixte, pape en 257, (*San Sy*, en patois de la montagne), est le patron de la paroisse de Saint-Donat. Sa fête se célèbre le 6 août. Une chapelle dédiée à ce saint n'aurait-elle pas jadis existé sur le sommet du pic de Sancy et l'origine du nom de la plus haute cîme des Monts-Dore ne nous serait-elle pas ainsi révélée?

habitant le lieu de Montal, près Picherande, se rendit acquéreur, moyennant le prix de 6,100 livres, des bâtiments du
couvent et de la chapelle, de l'enclos avec le jardin, du pré et
de la grange de La Vassin.

Le domaine de Pallut, suivant procès-verbal du même jour
(31 décembre 1792) fut adjugé à Michel Boutiron, de Besse,
pour 5,100ᵗ (1).

(1) Archives du dép. Ventes natˡᵉˢ. Série Q. Dist. de Besse. — 1791
à 1795.

XIV.

C'en était fait de cette antique maison de La Vassin élevée jadis avec un soin si pieux par les nobles sires de La Tour; la main de la Révolution en s'abattant sur elle la renversa pour toujours et la détruisit jusque dans ses pierres et ses ruines.

Les hôtes de l'abbaye, comprenant qu'il était temps de quitter leur solitude, s'étaient éloignées peu de jours avant la vente du mobilier et à l'heure de la séparation, au moment d'abandonner ces régions paisibles où elles avaient cru confiner à jamais leurs destinées, les religieuses, avec le baiser de paix, se donnèrent un solennel rendez-vous pour des temps meilleurs.

Devant ce monde alors en feu dans lequel les forçaient à rentrer des événements inouïs, ces pauvres femmes qui ne connaissaient ici-bas que leur vallée silencieuse et qui toutes avaient passé l'âge des chimériques illusions, se sentaient prises d'une indicible terreur que pouvait seul calmer l'espoir d'une réunion prochaine.

Dès l'apparition des décrets qui livraient à la nation le mobilier des églises, Madelaine de La Salle, comptant sur des jours plus cléments, avait fait mettre de côté la plus grande partie des objets de la chapelle, abandonnant le surplus aux

officiers municipaux. Peu après son départ de l'abbaye , elle écrivait à la sœur Fonteille, retirée chez elle, à Riom-ès-Montagnes: « Malgré l'exactitude de votre régularité , ma chère
» fille, je dois rappeler à votre mémoire ce que vous avés ou-
» blié: c'est le dépôt des objets de l'église que j'ai laissé à
» garder à votre prudence et uniquement pour vous faire
» plaisir. Ce dépôt était plutôt de ma compétence que de
» celle de toute autre personne de la communauté. S'il est
» encore où vous l'aviez mis d'abord, comme si vous le chan-
» gez de place, il faut que je le sache, non pas pour l'inven-
» torier, parce que j'en ai le mémoire détaillé, écrit de votre
» main, mais c'est pour sa conservation, espérant bientôt une
» réunion de religieuses dans les maisons qui ne sont pas dé-
» truites. Dieu veuille que cela arrive et que nous soyons dans
» le cas de chanter ensemble les louanges de Dieu et de nous
» embrasser toutes de tous nos cœurs. Vous ne nous parlez
» pas de M. Fayet. Vous savez l'intérêt que nous y prenons.
» Faites lui nos respectueux compliments ».

» S^r DE LA SALLE DE LAVASSIN (1). »

A ce moment la plus grande effervescence régnait dans la partie haute de notre département. Le 15 novembre 1793 , les représentants Aristide Couton et Maignet ayant pris un arrêté qui prescrivait de détruire tous les signes extérieurs du culte catholique et de descendre les cloches des clochers, les populations dans les communes de Bagnols, Saint-Donat, Cros et Chastreix , s'opposèrent à la mise à exécution de l'arrêté, des troubles graves éclatèrent et pendant deux jours, les habitants de Bagnols sonnèrent le tocsin (2).

Une insurrection était à craindre dans les montagnes. Les commissaires délégués par le directoire de Besse furent auto-

---

(1) Papiers de Mad^{me} Fonteille.
(2) Archives mun. de Besse ; délibér. des admin. du district des 8 et 17 frimaire an II.

risés à se faire accompagner par de forts détachements de gardes nationaux. Le procès-verbal de la séance tenue le 20 frimaire an 2 par le conseil d'administration du district nous donne des détails sur le résultat de la mission des délégués à Picherande: « Non-seulement, lisons-nous dans ce procès-
» verbal, la majorité des habitants de la commune s'est ren-
» due récalcitrante à la loi, mais encore elle s'est portée à
» une insurrection. Plusieurs des habitants ont sonné pendant
» la nuit le tocsin d'alarme; à ce bruit il s'est fait un attroup-
» pement considérable. Plusieurs ont cherché à enfoncer les
» portes de la maison dans laquelle étaient *obergés* les com-
» missaires et se sont fait remettre par force les vases d'argent
» et les clefs de l'église qui étaient au pouvoir des dits com-
» missaires (1). »

Les administrateurs résolurent d'agir tout de suite d'une manière énergique, et ils prirent en conséquence les dispositions suivantes :

« L'Administration considérant que la conduite tenue par
» la commune de Picherande est une opposition manifeste à
» l'exécution de la loi, que le fanatisme trop longtemps per-
» mis ou toléré a excité le soulèvement d'une grande partie
» des habitants d'icelle, que l'expérience n'a que trop appris
» que les erreurs ont précipité la république dans des maux
» incalculables, que les municipaux de cette commune au
» lieu d'arrêter les progrès de cette insurrection et d'avoir mis
» sous leur sauve-garde les commissaires de ce district, quoi-
» que quelques-uns d'entr'eux en eussent été requis par les
» commissaires, que cette conduite les rend criminels, enfin
» qu'il était du devoir de la municipalité d'être présente aux
» opérations, et en cas du moindre trouble de faire arrêter les
» coupables.

» Ouï le substitut du procureur syndic, arrête:

(1) Archives de Besse.

Article 1.

« Outre les trois administrateurs nommés par cette admi-
» nistration pour l'exécution de l'arrêté des représentants du
» peuple, le citoyen Laval, administrateur de ce district, de-
» meurera chargé conjointement avec les citoyens Morin,
» Rainaud et Tournadre de les faire mettre à exécution.

Art. 2.

« Il sera requis une force armée imposante dans les com-
» munes de Besse, Espinchal et Egliseneuve pour faire exécu-
» ter dans la commune de Picherande l'arrêté des représen-
» tants du peuple du 24 brumaire dernier. Les réquisitions
» seront données par cette administration au commandant
» des gardes nationales de Besse, Egliseneuve et au capitaine
» de la garde nationale d'Espinchal, pour que le vingt-deux
» du courant, heure de sept du matin, soixante hommes de la
» commune de Besse soient prêts à marcher, vingt hommes
» de celle d'Egliseneuve et vingt de celle d'Espinchal. Le lieu
» du rassemblement est fixé au pont de Clamouse.

Art. 3.

« Le directoire du district demeure chargé de faire trans-
» porter quatre quintaux de pain à Picherande, seize pots de
» vin et soixante livres de fromage pour la nourriture des gar-
» des nationales qui s'y transporteront, et en cas que ces
» subsistances ne soient pas suffisantes, les commissaires de-
» meurent autorisés à en requérir chez tous les particuliers
» aisés de la dite commune.

Art. 4.

« Les commissaires feront arrêter les officiers municipaux,

» le procureur et le cy-devant curé de la ditte commune et
» les feront conduire sous bonne et sûre garde dans la mai-
» son d'arrestation du district.

Art. 5.

« Les faits contenus dans le procès-verbal des commissai-
» res seront dénoncés, poursuites et diligences du procureur
» syndic, au juge de paix du canton d'Egliseneuve.

Art. 6.

« Il sera envoyé sur la voye de la gendarmerie nationalle
» à l'administration du département du Puy-de-Dôme une
» expédition tant du procès-verbal dressé par les commis-
« saires que du présent arrêté (1). »

On parvint ainsi à étouffer dans son germe une révolte qui
aurait pu grandir et devenir menaçante, et les dames de Lavassin, si elles avaient conservé des espérances de retour,
durent leur dire définitivement adieu.

---

(1) Archives de Besse. — Arrêté concernant le brûlement des statues de
la ci-devant église de Picherande, 20 frimaire an 2.

XV.

Après avoir raconté l'expulsion des Bernardines de **La Vassin**, il nous reste à dire ce que nous avons pu apprendre sur la destinée qui les attendait au sortir de leur couvent.

Le 22 décembre 1792, Madelaine de La Salle et sa sœur aînée, Marie, abbesse du monastère Notre-Dame, en Sologne, firent, par mandataire, au district de Besse, la déclaration du transfert de leur domicile à Clermont (1).

Brisée par tant d'émotions, l'ancienne abbesse, Elisabeth de La Salle, était, sans doute, déjà morte à cette époque, car nous ne voyons pas figurer son nom sur le registre du district. Ses deux nièces allèrent à Clermont habiter rue Neyron, dans la maison d'un cultivateur nommé *Louche*. C'est là que mou-

(1) Aujourd'huy 22 décembre 1792, l'an Ier de la République française, est comparu au secrétariat du district de Besse, le citoyen J.-B. Heyrauld, habitant du lieu du Crest, comme fondé de pouvoir spécial des citoyennes Lasalle-Rochemaure, sœurs; la première, ci-devant abbesse du lieu de Notre-Dame, près Romorantin, en Sologne, qui s'était retirée à la ci-devant abbaye de Lavassin auprès de la seconde qui en était abbesse; a dit et déclaré que les dites citoyennes Lasalle entendent habiter dorénavant et transférer leur domicile à Clermont et y recevoir leur traitement à venir. De laquelle déclaration a requis acte et a signé. » (Archives com. de Besse. — Registre pour les translations de domicile des ecclésiast.),

rut Marie de La Salle, le 1er juin 1803, à l'âge de 70 ans et 5 mois. Elle était née le 16 janvier 1733 (1).

Toujours unies de cœur, malgré leur séparation devenue définitive, les dernières survivantes de La Vassin ne s'étaient pas perdues de vue; elles s'écrivaient souvent, se confiant mutuellement leurs regrets et leurs peines. C'est ainsi que l'abbesse Madelaine de La Salle adressait de Clermont à Madme Fonteille, le 4 juin 1803, la lettre suivante pour lui annoncer la mort de sa sœur: « Ma sœur l'abbesse est morte, » ma chère fille, après 17 jours de maladie qui était plutôt » un épuisement total qu'une maladie, car tout ce que l'art de » la médecine a pû employer pour redonner du ton à son » estomac n'a pû l'empêcher de succomber le 1er juin à 9 » heures moins un quart du matin.

» Vous ne doutez pas, ma chère fille, de la juste sensibilité » que m'a causée cette séparation. M'étendrai-je sur la dou- » leur que cause un pareil événement? Hélas, le cœur n'y » est que trop porté, mais la soummission dont je dois être » pénétrée humblement au décret de la divine Providence, » mais l'exemple que je vous dois dans cette carière d'adver- » sité, de malheurs et d'afflictions, mais cette union de cœur » que nous nous devons en Jésus-Christ, raniment mes forces » dans la grâce de celui qui dans l'abondance de ses distribu- » tions, les faits précéder par des épreuves et par des croix. » Je la prend donc cette croix, ma chère fille, et vous prie de » vouloir bien m'accompagner à la montagne du Calvaire par » vos prières, afin qu'en y considérant les souffrances de notre » divin Rédempteur nous ne faisions qu'un chœur de prières » et de méditation pour le repos de l'âme de ma sœur et pour » obtenir les grâces qui nous sont nécessaires pour remplir les » devoirs de notre état dans ce tems qui en apparence de » tranquilité ne peut l'être pour des épouses de Jésus- » Christ...

(1) Reg. de l'état civil de la mairie de Clermont.

» Fasse le ciel que la persécution qui nous a séparées nous
» réunisse auprès de Dieu...

» Je vous embrasse, ma chère fille.

« S^r DE LA SALLE. »

« Mes complimens à tous chez vous et à la Sr Juliard à
» laquelle je n'ai pas la force d'écrire. Dite-lui que je recom-
» mande ma sœur à ses prières, ainsi qu'à M. l'abbé Fayet,
» notre ancien directeur. Dite-lui que je lui suis toujours bien
» attachée (1). »

La dernière abbesse de La Vassin continua, après la mort
de sa sœur, la même vie obscure, toute consacrée à la prière.
Elle jouissait d'une verte vieillesse que consolait son frère,
François de la Salle, chevalier de Saint-Louis, qui était venu
habiter auprès d'elle. « Madame votre abbesse se porte bien,
» écrivait à Mad° Fonteille, le 22 février 1813, une de ses
» nièces fixée à Clermont. Je la vois quelquefois à Notre-
» Dame-du-Port; je ne trouve point qu'elle vieillisse et de-
» puis que je la connais, elle me semble toujours la même. »
Madelaine de La Salle mourut à Clermont, à l'âge de 84
ans, le 10 septembre 1821, dans la maison de la rue Neyron
où était morte sa sœur.

Marguerite Fonteille, la correspondante de l'abbesse, était
née aux Mazets, près de Riom-ès-Montagnes, le 18 janvier
1750. Elle appartenait à une famille d'ancienne bourgeoisie
qui occupe encore de nos jours une position honorable dans le
pays. Entrée à La Vassin en 1766, elle prononça ses vœux
le 27 juillet 1767, en présence de l'abbé de La Valette,
sieur de Bigos, prieur de Féniers, de messire Degros, prieur
de Mégemont, et de plusieurs autres notabilités ecclésiastiques
invitées à la cérémonie.

La dot qui lui fut constituée s'élevait à 2,000 livres, et selon
l'usage du couvent, ses parents lui assurèrent en outre, une

(1) Papiers de Mad^{me} Fonteille.

pension annuelle et viagère de 24 livres et lui délivrèrent « les ameublements nécessaires. » Son acte d'ingrès fut reçu par M° Raymond, notaire à Menet, près Riom. Il est signé par toutes les religieuses du monastère, savoir : Elisabeth de La Salle, *abbesse*, Anne du Sauzet, *prieure*, Jeanne de la Farge, *sous-prieure*, Jeanne Jaetz, Marie-Jeanne de La Salle, Marie Mestas, Marguerite Sabatier, Marguerite d'Anglaret, Marie de Chalus, *cellérière*, Catherine Laurens et Marguerite Fayet de Tissonnière (1).

On donnait souvent à Madame Fonteille le nom de Vialle appartenant à sa mère et elle-même signait: Fonteille-Vialle. Une de ses anciennes compagnes nous a dépeint d'un mot sa nature sympathique et affectueuse: « Vous avez su toujours, » lui écrivait madame Mestas-Mazières, vous faire autant d'a- » mis que de connaissances (2). »

A la Révolution, Mme Fonteille se retira à Riom-ès-Monta- gnes, auprès des siens, et elle décida à la suivre dans sa retraite sœur Julhiard et l'abbé Fayet, l'aumônier du couvent. Elle est morte le 23 août 1822 (3).

Madelaine de la Roche, qui était née au Joinial, paroisse d'Egliseneuve-d'Entraigues, le 22 avril 1746, et dont le père, Jean de La Roche, écuyer, marié à Marie Dubois, était seigneur des Angles, alla demeurer, vers 1805 ou 1806, avec Marguerite Fonteille. Nous avons vu à Riom la petite maison où les deux recluses continuèrent la vie monacale. Les registres de la paroisse de St-Georges de cette dernière localité, mentionnent le décès de Madame de la Roche à la date du 2 janvier 1812 (4).

Madame Mestas-Mazières, originaire de Tauves, à qui nous devons de connaître quelque peu madame Vialle, lève égale- ment un coin du voile sur son propre caractère enjoué et plein

(1) Papiers de Mad^me Fonteille.
(2) Correspondance de Mad^me Fonteille.
(3) Archiv. paroiss. de Riom.
(4) Archives com^les d'Egliseneuve d'Entraigues. Reg. de l'état civil. Archiv. paroiss. de Riom.

de franchise, dans une lettre pleine de verve, écrite de Versailles à son amie de Riom-ès-Montagnes, le 27 juin 1813. Voici un extrait de cette curieuse missive :

« Où êtes-vous donc, chère amie ? car il ne faut pas s'abu-
» ser à nos âges ; quoiqu'il nous paraisse qu'il y a loin au
» ciel, il faut cependant peu de temps pour en faire le trajet
» ou pour se mettre en route. Je me flatte, j'espère que vous
» n'êtes pas partie et que vos amis n'ont point encore à re-
» gretter une personne qui a toujours sçu se faire autant
» d'amis que de connaissances. Qu'avez-vous pu penser de
» moi et de mon silence ? M. Perret vous a-t-il informée de
» ce qui l'avait causé, ainsi que je l'en avais prié ? Voilà
» donc, très-chère amie, deux ans passés que je suis partie
» d'Aurillac pour reprendre mon état. Je croyais le trouver
» tel qu'autrefois, mais... bernic ! plus de ces religieuses
» aimables, sociables, avec lesquelles on gagnait le ciel avec
» tant d'agrément et de bonheur. J'ai trouvé des Bénédic-
» tines, mais des Bénédictines pas tout-à-fait des plus aus-
» tères, puisque nous faisons trois jours gras dans la semaine,
» mais des Bénédictines qui sont presque trapistes. Plus de
» parloir, plus de conversations ; une nourriture, ah ! on y
» aurait mangé avec délices les *pelates* que servait Mad⁰ Tis-
» sonnière à notre chère madame Fonteille ; plus de lettres,
» plus de parens, plus de sœurs, mais en récompense force
» privations, force mortifications, etc., etc., l'adoration per-
» pétuelle nuit et jour.

» On m'a fait faire un noviciat rigoureux à 30 ans passés
» de religion ; j'ai pris et porté le voile blanc, repris le noir,
» comme si je n'avais pas encore été religieuse, enfin j'ai été
» professe de la sainte maison le 9 juillet 1812.

» Quel martire ! allez-vous dire, ma chère amie. Eh ! bien,
» point du tout. Je m'y suis pliée et les exemples rares et
» frappants que j'avais sous les yeux ont entraîné mes sacri-
» fices. Il est vrai que de grasse je suis devenue maigre, que
» je suis vieille et ridée, que j'ai eu la fièvre lente plus d'un
» an, que cela m'a exténuée au point que j'ai cru à Noël

» dernier que ma tête n'y pouvait sufire. Enfin je me porte
» mieux et n'habite plus Paris depuis la fin d'avril d^{er}. Je
» suis ici à fonder une maison avec les secours et leçons de
» notre Prieure générale (1) ; je suis nommée supérieure et
» sous-prieure de cette nouvelle maison, de la veille de
» s^t Jean-B^{te} d^{er}. Donc, je suis libre de rire et bien vitte j'en
» profitte. C'est ce qui me console de tant de soins et de
» fatigue.....

» Priez pour moi, chère amie, qui en ai tant besoin et qui
» n'ai aucun talent pour la place que j'occupe, surtout pour
» être supérieure. Il semble que je pouvais faire une déposi-
» taire passable, mais une supérieure c'est autre chose.

. . . .

» Adieu, ma chère amie, vous connaissez mes sentiments
» pour vous, ils sont inaltérables...

» de Ste CLOTILDE, souprieure du monastère
» du grand Montreuil, à Versailles.
» D^t de Seine-et-Oise. »

» Il faut aussi vous dire qu'on m'a changée de nom et
» qu'on ne m'appelle plus St André (2). »

Ces lignes où perce à chaque mot l'esprit le plus charmant
et en même temps le plus humble et le plus profondément
pieux, nous prouvent qu'au milieu des duretés de vie et des
rigueurs ascétiques il y a place souvent pour une fleur d'imagination, pour un sourire dans la dévotion (3).

---

(1) Mad^{me} Dudoyer de Chaulnois.

(2) Le couvent où était entrée Mad^{me} Mestas était celui des dames de la
Charité, dites de Saint-Benoît, établi à Paris en 1806.

Par arrêté préfectoral du 28 juillet 1815, ces dames furent autorisées à fonder un établissement à Versailles, rue de Montreuil, n° 64. Cet établissement
portait le nom de monastère de s^{te} Scholastique. Il a disparu vers 1824 ou
1825.

(3) Mad^{mo} Mestas était allée à Tauves, en sortant de La Vassin. Le 15
thermidor an III, elle comparut devant la municipalité de ce lieu et déclara
se soumettre au gouvernement républicain; elle ajouta qu'elle voulait persévé-
rer dans la foi et la pratique du culte catholique jusqu'au dernier soupir. (Extr.
du reg. de la municipal. de Tauves).

Une lettre que nous trouvons encore dans les papiers de Mme Fonteille nous fait connaître le sort de Mme Fayet-Tissonnière, réfugiée à Mauriac. Dénuée de ressources, accablée d'infirmités, cette pauvre femme avait dû, pour vivre, recevoir chez elle quelques enfants auxquels elle apprenait à lire. Elle continuait dans le monde les austérités du cloître, austérités que sa misère ne continuait pas peu à augmenter : « A cette » heure, écrivait-elle le 8 décembre 1812 à Mme Fonteille, » je suis chez moi en grande cuisine. Quelquefois, j'ai des » choux pour mettre à ma soupe ou des raves, le plus souvent » de l'eau bouillie ; cependant, la semaine avant l'Avant, » j'achetai pour douze sols de porc frais, pour finir mon car- » naval. Je suis au maigre et au jeûne jusqu'à la Noël : voilà » ma cuisine finie pour quelque temps. A cause des petites » auxquelles je fais la leçon, il me faut toujours dire les » offices la nuit..., Il me tarde infiniment de savoir de vos » nouvelles, Madame et très-chère amie, et de celles de » M. l'abbé, je lui ai trop d'obligations ainsi qu'à vous pour » les oublier jamais. Je me souviendrai toujours de toutes les » bontés et attentions que vous avez eues dans toutes les oc- » casions pour moi. Je ne suis que fâchée de ne pouvoir vous » en marquer ma juste reconnaissance qui durera autant que » ma vie (1). »

Nous avons déjà parlé de Mme Françoise Burin-des-Rauziers qui prononça ses vœux à La Vassin le 29 avril 1771. Elle était née à La Tour d'Auvergne le 5 septembre 1751, elle prit le voile blanc de novice le 5 janvier 1770 (2). Son père, Michel Burin, seigneur des Rauziers, bailli de La Tour, et sa mère, Marie Deffarges, lui constituèrent à son entrée en religion une dot de 2,600 livres et une pension annuelle et viagère de 36 livres « pour être employée à ses besoins parti-

______

(1) Mme Fayet avait fait profession à La Vassin le 25 septembre 1751, à l'âge de 21 ans ; en 1812, elle avait donc 82 ans.

(2) Archives de la mairie de La Tour. Reg. de l'état civil. — Archives de l'étude Malègue, à La Tour, acte d'ingrès du 29 avril 1771.

culiers. » Son frère, Laurent Burin, fut, à la Révolution, administrateur au directoire du district de Besse. Jeanne Burin, sa sœur, épousa M. Bertrand, de Saint-Sauves, père du célèbre docteur Michel Bertrand, inspecteur des Eaux du Mont-Dore.

A sa sortie du couvent, à la fin de septembre 1792, Mme Françoise Burin se retira à St-Sauves auprès de sa sœur Catherine, non mariée. Elle est morte dans cette résidence en 1821.

Voilà tout ce que nous avons pu recueillir sur les dernières religieuses de La Vassin, présentes au moment de la suppression de l'abbaye. Avancées en âge, succombant sous le poids de tant de pénibles épreuves, plusieurs, en quittant le cloître durent envier le repos de leurs sœurs qu'elles laissaient sous les dalles du préau. Mme Marie de Chalus eut au moins la consolation suprême de mourir sous le toit qui l'avait abritée pendant plus de quarante ans; elle s'éteignit à La Vassin le 11 mai 1792 (1).

Ainsi que certains pastels dont les années ont pâli les nuances, les figures de toutes ces vénérables femmes ne nous apparaissent plus que de loin, presqu'effacées par le temps et, néanmoins, conservant encore dans la pénombre nous ne savons quel charme touchant, leurs physionomies à la fois austères et souriantes nous ont fait arrêter devant elles avec respect et sympathie.

Le monastère de La Vassin n'existe plus. Des pierres amoncelées et quelques traces de murs marquent seules la place où il s'élevait jadis. Les ronces, les lierres, les broussailles croissent avec une luxuriante liberté dans les enceintes abandonnées : les arbustes opiniâtres ont pris d'assaut les ruines de l'abbaye.

Du côté de la rivière, une muraille épaisse maintient ses derniers contreforts dont les plantes grimpantes occupent les larges brèches. On marche dans les hautes herbes, à travers

(1) Papiers de Mme Fonteille.

les décombres frustes, méconnaissables, qui surgissent çà et là comme des épaves.

La chapelle dont l'entrée se trouvait au nord-est et qui à l'est joignait le cimetière, a été dispersée pierre à pierre; peut-être des fouilles intelligentes en révéleraient-elles de précieux débris, mais quant à présent les envahissements des terrains superposés en cachent tous les vestiges.

L'allée pavée, bordée de hêtres et d'ormeaux, allant du monastère jusqu'au fond du pré et longeant la rivière, a disparu. La maison du propriétaire actuel, le sieur Brugeat, a été construite sur l'emplacement des anciennes cuisines ; du côté opposé, à droite, sur les terrains transformés aujourd'hui en jardins, se trouvaient la boucherie et les basses-cours.

Comme un tombeau à jamais scellé, le tranquille vallon de La Vassin garde dans ses flancs étroits des souvenirs qui ne se réveilleront plus, des secrets historiques qui ne seront pas révélés. Cependant, toutes faibles et toutes voilées qu'elles soient, les voix du passé y parlent et c'est avec bonheur qu'on les écoute, parce que leur langage est doux et pénétrant comme le chant de ces sources qui dans les bois voisins dominent de leurs notes argentines le profond murmure des chênes.

Ces voix sortent de tous les coins de la vallée et pour qui sait les entendre, elles ont de séduisants attraits, de puissantes incantations ; elles charment et elles ravissent, mais surtout elles font comprendre le mystère, les aspirations, les élans, les désirs des âmes avides d'idéal, amoureuses de recueillement et de solitude, qui du fond de cette clairière firent monter vers Dieu, pendant des siècles, leurs prières et leurs rêves. Ames délicates, élevées, qui dans l'attente des réalités de l'invisible, voulurent vivre à l'écart, loin du tumulte du monde, contentes de leur horizon, si resserré qu'il fût, pourvu qu'il y eût place pour leurs célestes espérances.

CHRONOLOGIE

DES

Abbesses de La Vassin.

1192. — Fines.

1200. — Pétronille.

1226. — Agnès.

1302. — Castellone.

..... — N. de La Tour.

..... — N. de Trégnolles.

1350. — Almodie.

1442. — Annette de Tinières.

1490. — Jacqueline de La Tour.

1544. — Antoinette de La Roche-Aymon.

1560. — Hélène de Chabannes-Curton.

1580. — Michelle de Chabannes-Curton.

1611. — Michelle de Mons.

1645. — Isabeau de Chabannes-Curton.

1660. — Françoise de Chabannes-Curton.

1690. — Elisabeth de Chabannes-Curton.

1730. — Françoise de Chabannes-Curton.

1742. — Marie de Mascon.

1763. — Isabeau de La Salle de Rochemaure.

1789. — Madelaine de La Salle de Rochemaure.

Clermont, typ. Ferd. Thibaud.

APPENDICE.

L'impression de ce travail était achevée lorsqu'un érudit bibliophile, notre ami M. François Boyer, nous a communiqué un très-curieux manuscrit qui fait partie de sa riche collection. Ce manuscrit est le *Journal de voyage* de Dom Jacques Boyer, Bénédictin de la Chaise-Dieu, qui fut chargé par ses supérieurs, de 1710 à 1714, de recueillir des documents dans les provinces d'Auvergne, Velay, Bourbonnais, Limousin, Poitou et Bretagne, en vue d'une nouvelle édition du *Gallia Christiana*. Voici ce que nous avons trouvé dans ces Notes, jusqu'à ce jour inédites, au sujet de l'abbaye de La Vassin :

« 1712, 13 juillet. — Je partis de St Allire (de Clermont), avec D. Jacques de Crespat prieur de Mauriac. Nous cotoyâmes le Puy-de-Dôme, et dînâmes à Agelle (1). Nous fûmes coucher à Préchonnet, chez M. le comte de Langeac, qui nous traita splendidement......

» 15. — Nous partîmes de bon matin sans dire adieu à M. le comte de Langeac qui ne nous aurait point laissé partir. D. de Crespat fut à Mauriac et moy à La Tour, vilote dans la montagne où il y a les mazures d'un ancien château qui appartient à la maison de Bouillon. Après avoir assez mal dîné et passé par des chemins impraticables, j'arrivai à Lavassin ou La Vaissy, abbaye de filles de l'ordre de Cîteaux, dans un vallon entouré de montagnes couvertes de bois. Je soupay avec l'aumônier Dom Gandilhon, parce que Mad⁰ l'abesse étoit incommodée.

» 16 juillet. — On célébra solennellement la fête de St Etienne III,

(1) Augère ?

abé de Cîteaux : j'assistai à la messe où toutes les religieuses communièrent. Elles sont 18 de chœur et 4 converses. Je dînai avec Madame l'abesse, avec Madame de Chabannées, religieuse de St-Julien, sa nièce, et un gentilhomme du Languedoc. Elle partit aprez dîné avec sa nièce et ce gentilhomme pour aller à Riom de montagne afermer ses dîmes et de là au château de Madic voir M. de Curton, son frère. Cette abesse me fît mille honestetez et m'obligea à rester le soir à La Vassin. Cette abbaye a été entièrement brûlée, il n'y a presque point de titres. Les paysans l'appellent *la Vaissy* et je trouve ce nom dans les plus anciens titres. On dit qu'un seigneur de La Tour aïant perdu sa fille, la fît chercher en diligence, et que l'ayant trouvée au lieu où est à présent l'abbaye, ses gens dirent en langage auvergnat: *la veissy*, c'est-à-dire: *la voicy*, et qu'il fît bâtir au même endroit un monastère. Mais il faudrait des preuves pour cela, et je crois que ce mot vient du latin, *vallis sana*, la val sain, ou la vassin. La maison est fort angustiée (1). Il n'y a rien de beau qu'une allée qui est le long de la Trentaine qui va se jeter dans la Dordogne. Les religieuses qui sont toutes de qualité y vivent avec beaucoup de régularité. Je soupay avec Dom Gandilhon, natif de Murat, profez de Mégemont, qui avoit été longtems vicaire au Pont-du-Château avant que d'entrer dans l'ordre de Cisteaux. Frère Constantin de Gannat et f. Gabriel Dupuy, diacres capucins, étoient de la partie. Ce dernier qui est un fort bon religieux est à Lavassin depuis un mois, ayant été mordu à une jambe par un chien. F. Constantin est neveu de D. Rabusson, vicaire et procureur généraux de l'observance de Cluny.

» 17. — Je dis la messe aprez prime et je partis ensuite pour Féniers, éloigné de trois lieues de La Vassin. Madame du Sauzet, souprieure, me fît beaucoup d'honneur. Mesdames de Charmey et de la Fosse voulurent me donner une calote et des mitaines, mais je les remerciai. Toute la Communauté vint me conduire et l'on me pria instamment de rester jusqu'au lendemain, mais je partis à 8 heures et arrivai à 1 heure à Féniers après avoir passé par des chemins abominables, ayant été obligé de mettre souvent pied à terre, surtout à la coste qui descend à Condat, paroisse qui dépend de la Cathédrale de Clermont.

(1) Etroite.